結果を出す
コンサルだけが
知っている

「伝わらない」がなくなる

話し方の順番

高橋輝行

あさ出版

PROLOGUE

1分でつかむ「伝わる」話し方の本質

こんなに言っても
伝わらないのはなぜだろう……。

話し方のスキルを鍛えようと、

「シンプルに結論から話そう」

「ジェスチャーを交えて伝えよう」

「ロジカルに説明してみよう」

と工夫してみても
なかなか相手を動かせない。

「話せば分かる」という言葉は幻想だったのか……。

ちゃんと伝えているのに動いてくれない相手に困っている……。

そんなあなたのために、
この本は書かれました。

そもそも、「伝わらない」とは
どういうことなのか

こんな場面を想像してみましょう。
会社の昼休み、これから外出するという同僚に
「ついでにコンビニでコーヒーを買ってきて！」
と言いました。
しかし、
「コンビニに行く用事はないな。
それに、コンビニのコーヒーなんて美味しくないよ」
と断られてしまいました。

あなたの言いたいことは、たしかに理解されているようです。
しかし、同僚が動いてくれなければ、
なんで言った通りにしてくれないんだ……。
コーヒーオタクは面倒くさいな……。
と、不満に思うことでしょう。
実は、ここに「伝わらない」原因があります。

私たちが「伝わらない」と感じる時、
その根底には、

相手を動かしたい

という欲求があるのです。

相手を自分の思い通りに動かそうとすると、
こちらの要求を押し付ける話し方になってしまい
相手はなかなか動いてくれません。

では、どうすればいいのでしょうか？

まずは、
「同僚をコンビニへ行かせよう」という欲求を捨てて、
相手の考えを引き出すことから始めましょう。

先ほどの会話まで時間を巻き戻して、
「へえ、コーヒーにこだわってるんだ！
美味しいコーヒーってどこで買えるの？」
と聞いてみます。

すると相手は、
「それは専門店のコーヒーだよ！
コンビニのよりは高いけど、
新鮮な豆で一杯ずつ丁寧にドリップしてくれるんだ」

と、こだわりを喜んで話してくれます。
そうして考えていることを引き出したら

「面白そう！　私も飲んでみたいな。
この近くにいいお店ある？」

と相手の考えに合わせて
会話を進めてみましょう。

すると相手も「コーヒーを買う」という方向に
頭が働き始め、

「ちょうど気になる店があるんだ。
話してたらコーヒーが飲みたくなってきた！
ついでに君の分もテイクアウトしてこようか」

と相手は自然と動いてくれるようになります。

そして、
あなたは、いつもより美味しいコーヒーを飲むことができるのです。

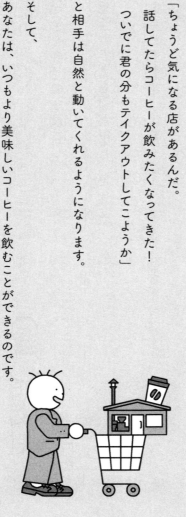

これまでのやりとりを簡単にまとめると、

相手を会話の主役にし、
相手の考えを引き出し、
相手が気持ちよく動けるところまでガイドする

となります。
これが、「伝わる」話し方の本質です。

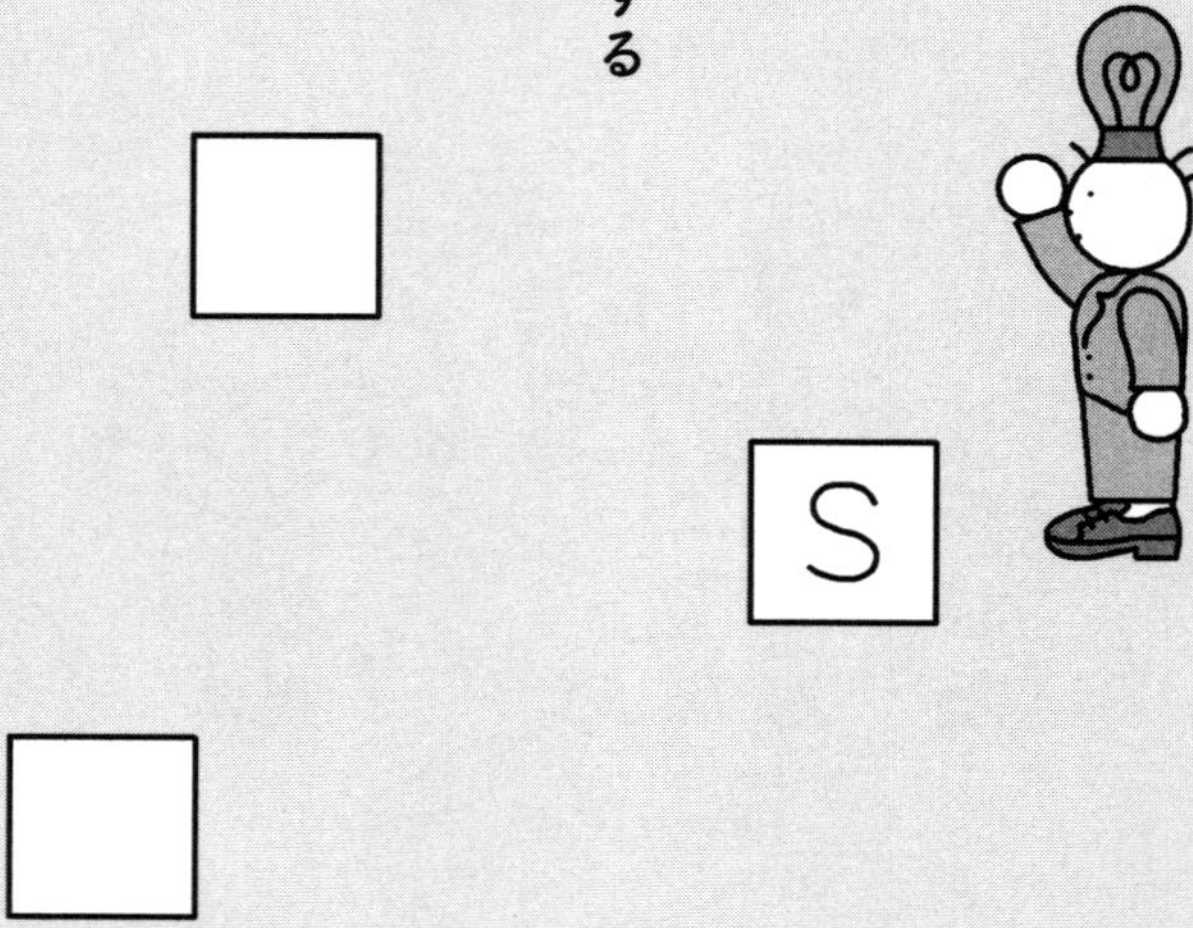

どうやら、
会話の主役は相手だと意識すると上手くいきそうだ
ということは分かってきましたね。

でも、相手の考えを引き出してガイドするには、
どうすればいいの？

答えは簡単！

話し方の順番

に気をつけて話せばいいのです。

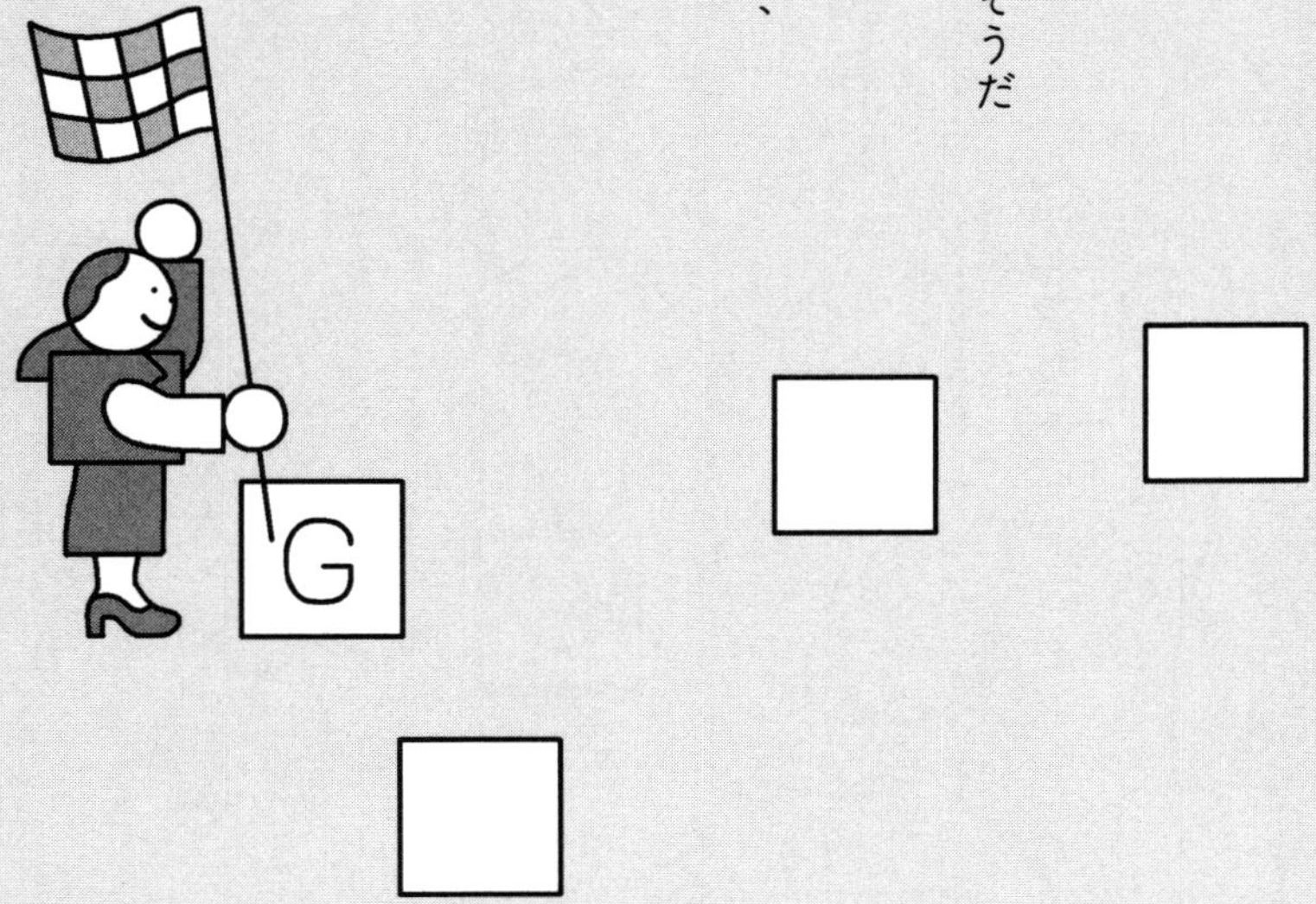

まずは相手の思考のスイッチをONにします。
思考のスイッチが入っていない状態では
いくら話をしても相手に聞き入れてもらえません。
会話の中から相手の「やりたいこと」を引き出していくのです。
それができたら次は、
相手に気持ちよく動いてもらうところまでガイドします。

ここでのコツは
相手のイメージしていることを
文章ではなく、「地図」として捉えることです。
地図の中にスタート地点とゴール地点を
一緒に描いていきます。

話しながらイメージの地図上に
成功までの道のりを示し、
道中のステップを
順番にクリアしていくことで

「それならできるかも」
「やってみよう」

と相手に思ってもらうのです。

このように、会話を通じて
思考をガイドすることができれば
イチイチ指示を出さなくても
相手は自然と動き出します。

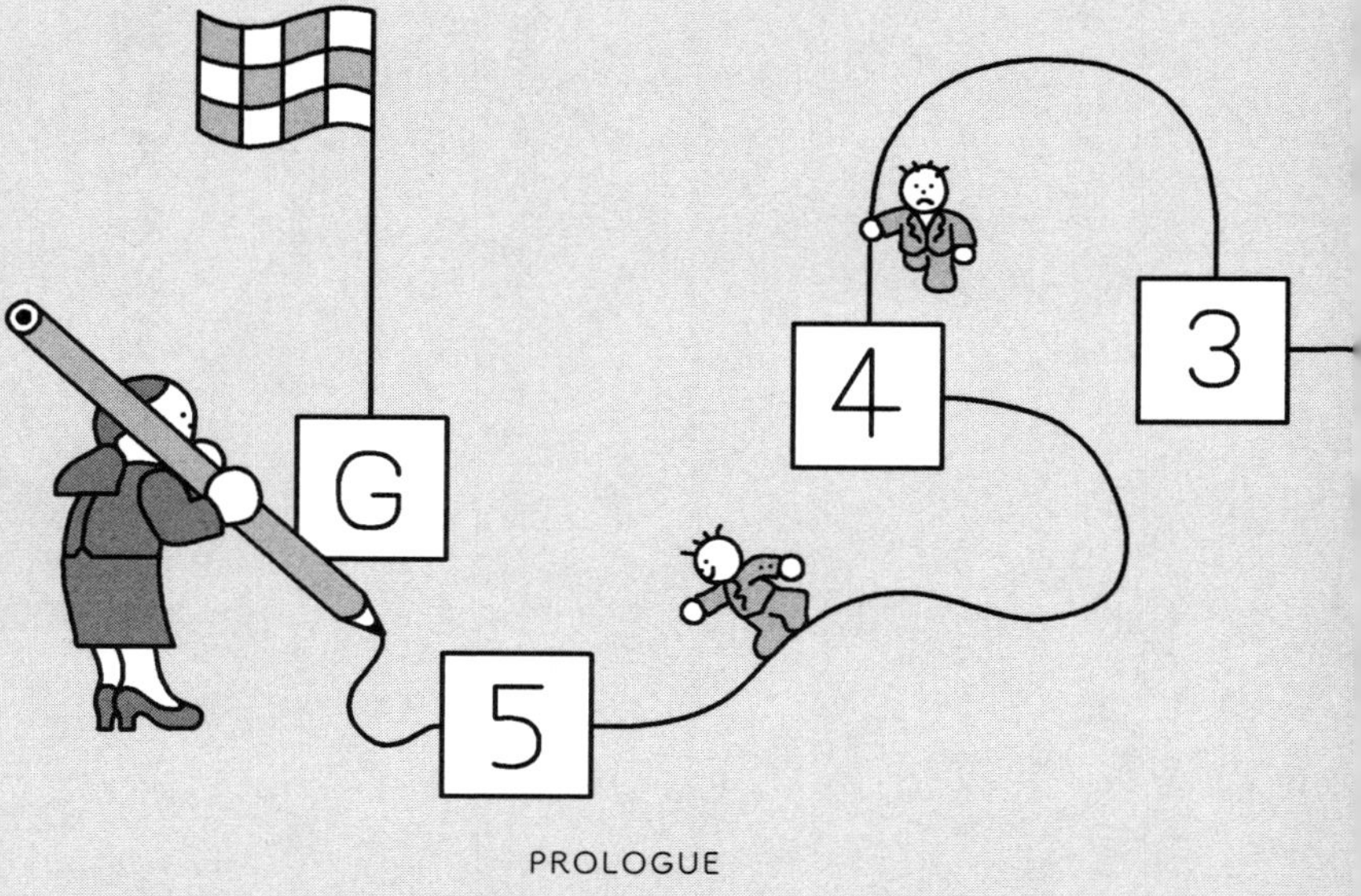

〃相手を動かすのではなく、動いてもらう〃

このポイントを押さえていれば、相手は自ら考えるようになり、
あなたの話は驚くほど伝わるようになります。
本書では、結果を出すコンサルタントが共通して身につけている、
「伝わる」話し方の順番を5つのステップに分解して解説します。

これを意識して話すだけで

誰でも、
簡単に、
再現性のあるかたちで、

「伝わる」話し方が身につき、相手に動いてもらえるようになります。

結果を出すコンサルだけが知っている

「伝わらない」がなくなる話し方の順番

はじめに

○子どもに「ながら食べ」を注意してもやめてくれない
○彼氏の遅刻グセを何度注意しても直らない
○上司に業務改善の提案をしても動いてくれない

正しいことを正しく伝えているのに、どうして相手は動いてくれないのか？
それは、「相手を動かすこと」を目的に話しているからです。

「伝える」という言葉には、相手に何かを渡して**動いてもらう**という意味があります。伝言や伝達、伝承といった熟語も同様です。
つまり、**「伝える」とは言葉を使って「相手を動かす」ことではなく、「相手に動いてもらう」ことだと言えます。**

では、「相手に動いてもらう」とはどういうことでしょう？

それは「相手がやる気を出して自発的に行動する」ことです。

そんなの当たり前！　と思うかもしれません。


しかし、「動かす」と「動いてもらう」には大きな違いがあります。

「動かす」は「**自分**」が主体ですが、

「動いてもらう」は「**相手**」が主体です。


相手に動いてもらうための、ただひとつの原則。それは、

相手に動いてもらう時、会話の主役は、

「自分」ではなく「相手」である。


つまり、相手に動いてもらうには、相手が、

「**主役になってやる気を出して行動しているイメージ**」

を持てるように会話を進めることが重要です。

それには、相手が、

やる気を出して動きたいと思い、
具体的に動いているイメージができ、
自信を持って行動できるようになる

という状態まで、**思考をガイドする**必要があります。

これを、**「相手の思考の解像度を上げる」**と言います。

◆

あなたが、視力のとても低い人だったとしましょう。

裸眼で周囲を見るとボンヤリしていて、何があるかハッキリ見えません。

そんな状態で「歩いてごらん」と言われても、歩きたいと思えず、歩くイメージも持てず、自信を持って歩くことなど不可能です。

これが「**思考の解像度が低い状態**」です。

そこで、よく見えるメガネをプレゼントされたらどうなるでしょう？

周囲の様子がハッキリして、自信を持って動けるようになります。

この、視力の低い人によく見えるメガネをプレゼントするということが、「相手の思考の解像度を上げる」ことです。

「相手の思考の解像度を上げる」には、

「相手の頭の中に成功までの道筋を描く話し方」

がキーになります。

本書では、優れたコンサルタントが使っている、

「相手のやる気を引き出し動いてもらう」ための話し方を、５つのステップに分解して解説します。

この話し方を身につけるだけで、

誰でも、簡単に、再現性のあるかたちで
「相手に気持ちよく動いてもらえる」
ようになります。

◆

私がこの本を書いた理由は３つあります。

私は15年前に起業しましたが、自分がつくったサービスが売れず、資金的に行き詰まり、「本当に自分がやりたいこと」が見えなくなって道に迷いました。その時に痛感したのが、

「自分一人で思考の解像度を上げるのは難しい」

ということでした。新しいことを思いついても「できない」と思ってしまう、逆に現実離れしたことを考えてしまう、また、ビジネスにする良いアイデアが思いつかないなど、一人で考えていると思考が堂々巡りとなり、誰かに相談し、苦しい状

況を抜け出したいと思ってもがきました。

そのような状況でも社長としてお金を稼がなければならなかった私は、自身のコンサルティング経験を活かして、中小企業の経営改革を支援する仕事をしました。

その会社はずっと赤字が続き、数年後には会社倒産が見え、数十名の従業員は路頭に迷い、社長も莫大な借金を背負うという、私よりも遥かに苦しい状況でした。

その社長から「取引先や社員に迷惑をかけたくない」という想いを託された私は、社長や専門家たちとディスカッションし、会社の目指す姿の解像度を上げていきました。そして、社長や社員の皆さんにご納得いただき、自信を持って動いてもらった結果、会社を再生することができました。

後日、社長から「命が救われました」と手を握って感謝された私は、

「相手の思考の解像度を上げることで人助けができる」

ことを実感しました。

この仕事を通じて、自分が起業して本当にやりたかったことに気づいた私は、それまでのサービスを終了し、モヤモヤしている経営者や社員に伴走し思考の解像度を引き上げる仕事に専念しました。

様々な業界業種で社内プロジェクトを立ち上げ、経営者や社員、協力会社の方々を巻き込み、数々の新商品や新事業を世に送り出し、社内変革を実現しました。その過程で、様々な人が協力し合い、顧客を喜ばせ、成長する姿を目にしました。

私は確信しました。

「相手の思考の解像度を上げる仕事は、人を活かして世の中をより良くできる」

この仕事を自分だけのものにせず、広く多くの人に興味を持ってもらい、学んでもらうことによって、人が活き活きと働き、顧客の幸せを実現できる社会の一助になればという想いで本書を執筆しました。

本書では、相手の思考の解像度を上げるビジネスコミュニケーションが**誰にでもできるようになる＝仕事にできる**ことを目的に、コンサルタントが実際に使っている「相手の思考の解像度を上げる話し方」の秘密を紐解いていきますが、ビジネスパーソンに限らず、子どもを持つ親や、学校の先生、運動選手のコーチ、医療・介護従事者など多くの方にお読みいただきたいという想いから、事例についてはできる限り幅広く身近なものを取り扱うようにしました。

本書が、人に伴走し成果を上げさせたいと思っている方の一助になれば幸いです。

2025年3月吉日

高橋輝行

第1部

なぜあなたの話は「伝わらない」のか？

CHAPTER2

第2部

相手の思考の解像度を上げる話し方の順番

STEP 1

「やりたいこと」を言語化する話し方

STEP ②

「やりたいこと」の全体像を整理する話し方

STEP 3

「やりたいこと」を具体化する話し方 169

STEP 4

「やりたいこと」を成果につなげる話し方 201

STEP 5

「やりたいこと」の実行を後押しする話し方

第1部

なぜあなたの話は「伝わらない」のか？

人は「正しいことを正しく言えば相手は動いてくれる」という前提に立っていると、話が**「伝わらない」**場合に**説得**や**強制**というかたちで、相手を強引に**「動かそう」**とする話し方をしてしまいがちです。

しかし、いったんこのようなクセがついてしまうと、「伝わる」話し方、つまり相手に「動いてもらう」話し方を身につけることは困難です。

CHAPTER1では、**相手に「動いてもらう」話し方の土台をつくること**を目的に、普段のコミュニケーションで陥りがちな6つの「思い込み」をご紹介します。

ひとつでも思い当たる方は、まず**思い込みを捨て去る**ことから始めて、CHAPTER2の相手に「動いてもらう」話し方の基本に進むようにしましょう。

CHAPTER 1

「伝わる」話し方のために捨てるべき6つの思い込み

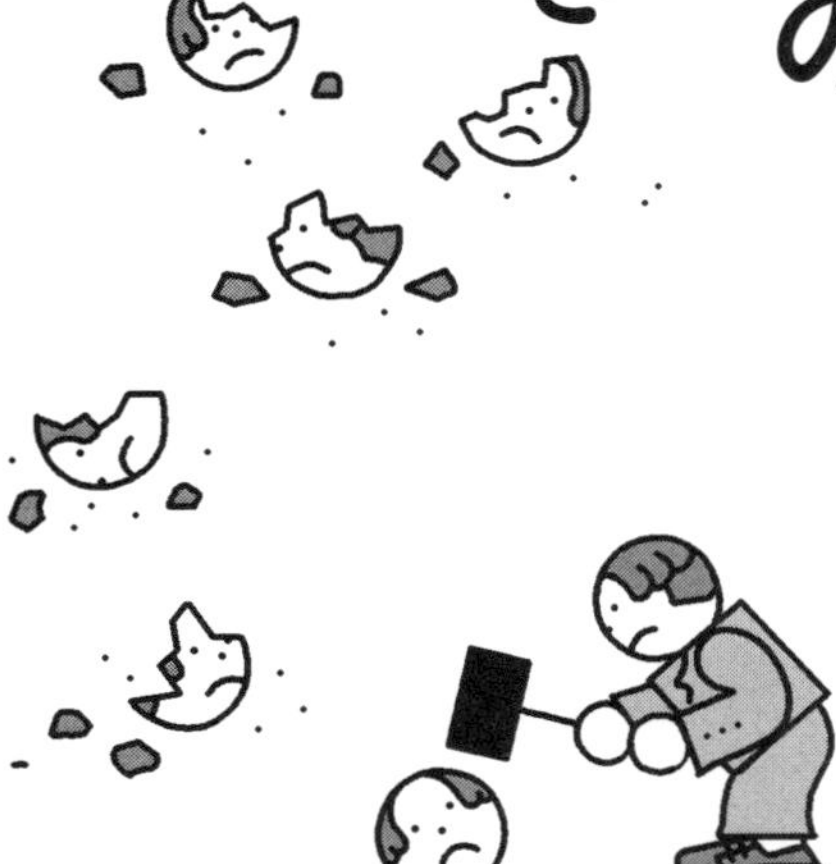

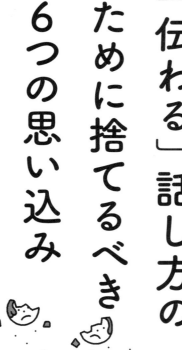

捨てるべき思い込み 1

会話の主役は自分だ

……と思っている

相手を思い通りに動かそうとしていないか

ある企業の工場を視察した時のことです。

怒鳴り声が聞こえたので、声のするほうへ行ってみると、

「どうして、私の言った通りにできないのか？」

と工場長が従業員を叱っていました。


このように、自分の思い通りに動かそうとして、動けない相手に対して強い口調で責め立てると、相手は萎縮してしまい、それ以上考えられなくなります。

知見が豊富な人は、乏しい人を見下す傾向にあります。そして、自分の知見にもとづき相手を強制的に動かそうとします。しかし、これをしてしまうと、相手は**やる気を削がれ**てしまい、**言われたことしかできない人**になります。

会話の主役は相手である

私は学生時代に物理学を学んでいましたが、恩師は決して「ああしなさい」「こうしなさい」とは言いませんでした。

逆に「**このような場合、君はどう考えるか？**」と私の**考えを引き出して、尊重して**くれました。ある時、恩師にそのような話し方をする理由を聞くと、**「君たちのやりたいことを見つけることが、私の仕事だ」**と言われ、感動したことを今でもハッキリと覚えています。

恩師は、著名なノーベル物理学者の愛弟子として活躍し、日本物理学会の会長もされていました。学生の私と比べれば知識・経験は圧倒的に豊富でしたが、自身の考えを押し付けるようなことは一切しませんでした。

話す時に「自分の考えによって相手を動かそう」という意識でいると、つい「ああしろ」「こうしろ」といった**押し付ける話し方**をしてしまいがちです。

「やりたいこと」を押し付けるか、引き出すか

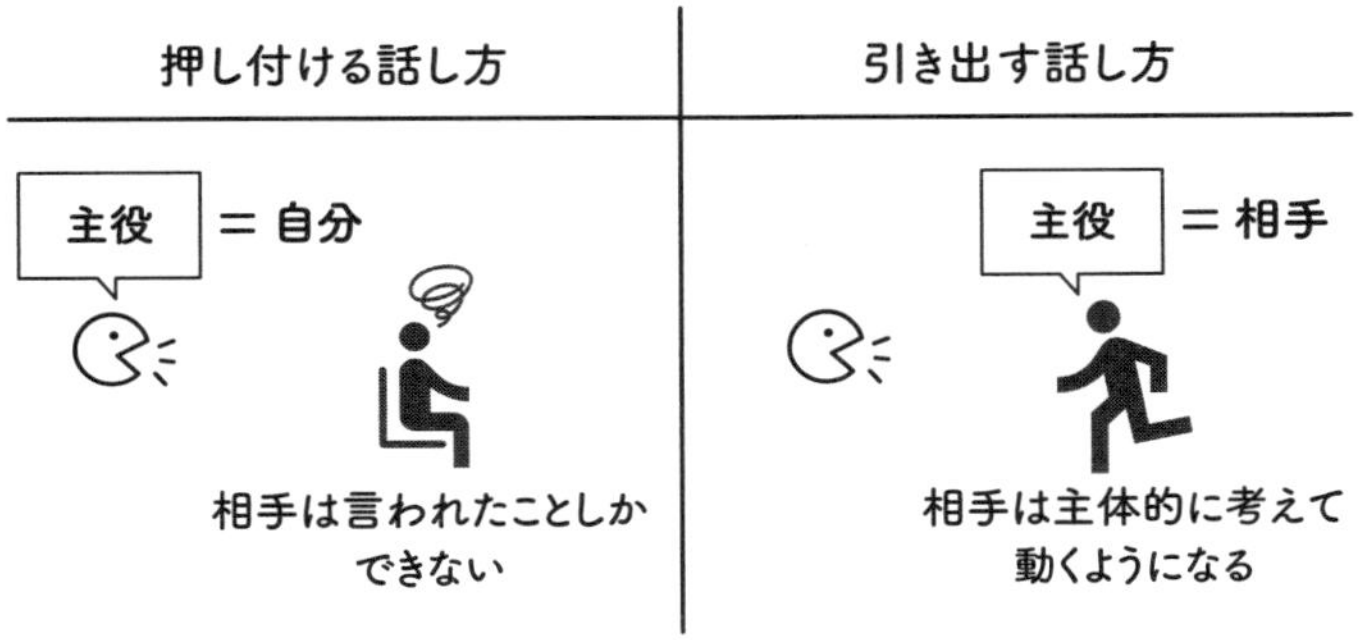

そうではなく、「どうしたい？」「どうなると思う？」と相手を主役にし、やってみたいことを引き出す話し方をして、相手に**主体的に考えさせて自ら動いてもらえる**ようにガイドしましょう。

もし、自分自身や身の回りで「**押し付ける**」話し方に気づいたら、「**引き出す**」話し方に変えてみてください。

「伝わる」ためのポイント①

行動の主体は自分ではなく、相手であることを意識する。

頭の中にある「やりたいこと」、それを引き出せれば、相手は自然と動き出す。

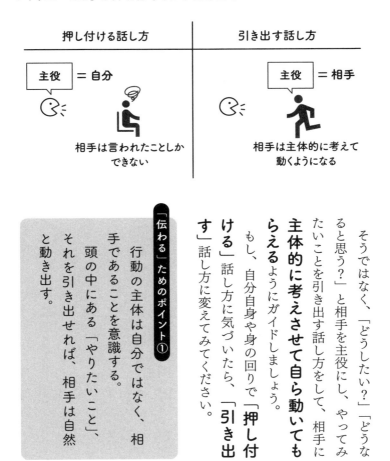

捨てるべき思い込み②

いつもの順番で説明すれば分かるはずだ

……と思っている

「話せば分かる」の落とし穴

私が、新入社員で広告代理店に入社した時のことです。

女性のアシスタントから、ファックスの使い方についての説明を一通り受けました。

実際に使ってみると、途中で使い方が分からなくなってしまい、その女性に使い方を聞くと、

「さっき説明したでしょ？」

と叱られてしまいました。

一方的に説明を受けた私は、**「どこまで分かって、どこから分からないのか」が分かりません**でした。

できる人からすると**「いつもの手順で説明すれば相手もできるはず」と思い込みがち**ですが、説明が理解できない相手に**「なぜできないの**

か?」と責めるような話し方をすると、相手は身動きが取れなくなります。

自分の理解した順番でなく、相手が分かる順番で話す

相手に動いてもらうためには、相手の立場になって**「どこまで分かっていて、どこから分からないのか」を一緒に確認する話し方**がポイントです。

ファックスの例であれば、相手の隣に立って、「初めに何をする?」「次は?」「そして?」と寄り添いながら順を追って行動を引き出す質問をして、相手がどこまでできて、どこで止まってしまうのかを確認し、できたところを褒めて、できなかった点を振り返るようにします。

相手のできたところを増やす=小さな成功体験を積ませることで、

相手の頭の中に成功までの「地図」を描きながら話す

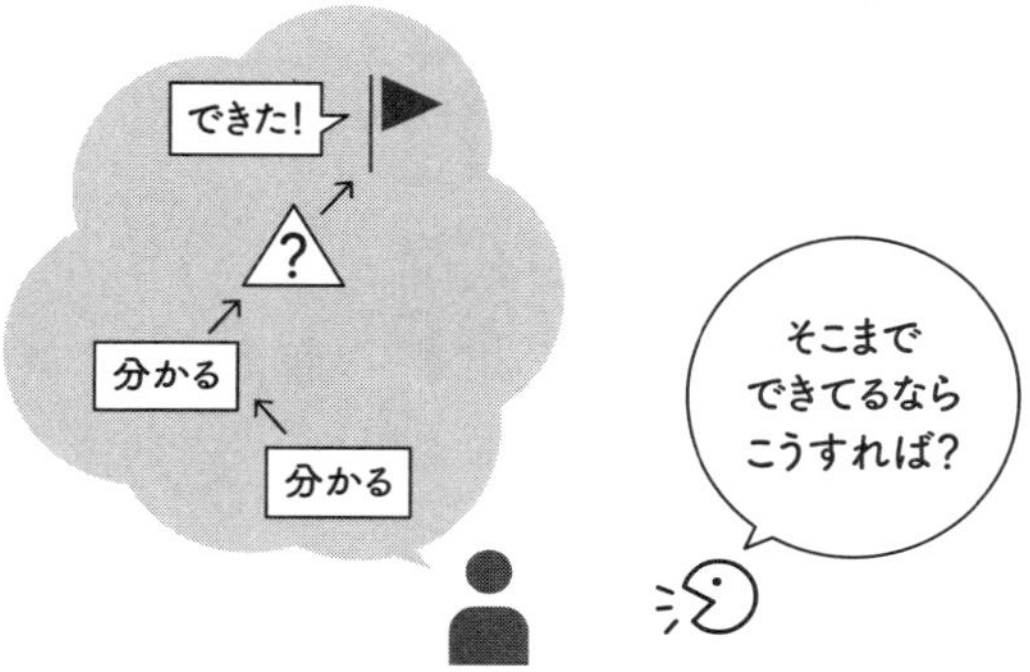

相手は自信を持って行動できるようになります。逆に、できたことを「できて当たり前だ」と言ったり、できなかったところを責めたりしてしまうと、相手はやる気と自信を失ってしまいます。

相手の頭の中に、**「相手が行動して成功しているイメージ」**をつくり出すことを目的に、**行動を引き出す質問を投げかけていき**ましょう。

「伝わる」ためのポイント②

自分が理解した順番で説明して「分かった？」で終わらせるのではなく、相手が頭の中に「成功イメージ」を描けるような順番で話す。

捨てるべき思い込み③

「正解」を伝えるのが会話の目的だ

……と思っている

理解できない相手を「無能」だと思っていないか

社内で誰からも「あの人は優秀だ」「頭が切れる」と言われる役員がいました。

会議で部下が作成した取引先向けの提案書に目を通すと、

「ここを直してほしい」「このアイデアを入れてくれ」「価格は10％上げるべきだ」

と矢継ぎ早に指示しました。

役員の指示は的確でしたが、聞いていた部下は、その指示の背景や考え方を理解できず混乱しました。すると、その役員は、

「答えを言っているのに、なぜ君は理解できないのか？」

と厳しい口調で言うと、部下は、

「自分は頭の回転が遅くて、役員の指示が理解できません……」

うつむき加減でそう答えました。

頭の回転が速い人は、**「『正解』を言えば相手は分かる」と思い込み**

がちで、伝わらない相手に対しては「頭が悪い」と感じてしまいます。
自分の中の「正解」を伝えることが会話の目的になってしまうと、それを一方的に伝えられた側は「あの人の話はよく分からない」となり、**すれ違いの原因**になりかねません。

正解までの、自分の思考の道順を示す

ただ単に「正解」を伝えても、そこに辿り着くまでの「**考え方の道筋**」が理解できないと、相手は納得できません。

この役員の場合には、「取引先の社内ではこの表現ではなく、こういう表現を使っているため、言葉を直してほしい」と**正解を導き出した背景と考え方を伝える**ことで初めて、相手はそれが正解であることを理解できるようになります。

そのような伝え方ができるようになるためには、

「自分はどのような考え方で、この正解を導き出したのか？」

「正解」まで辿り着いた道筋を相手に示す

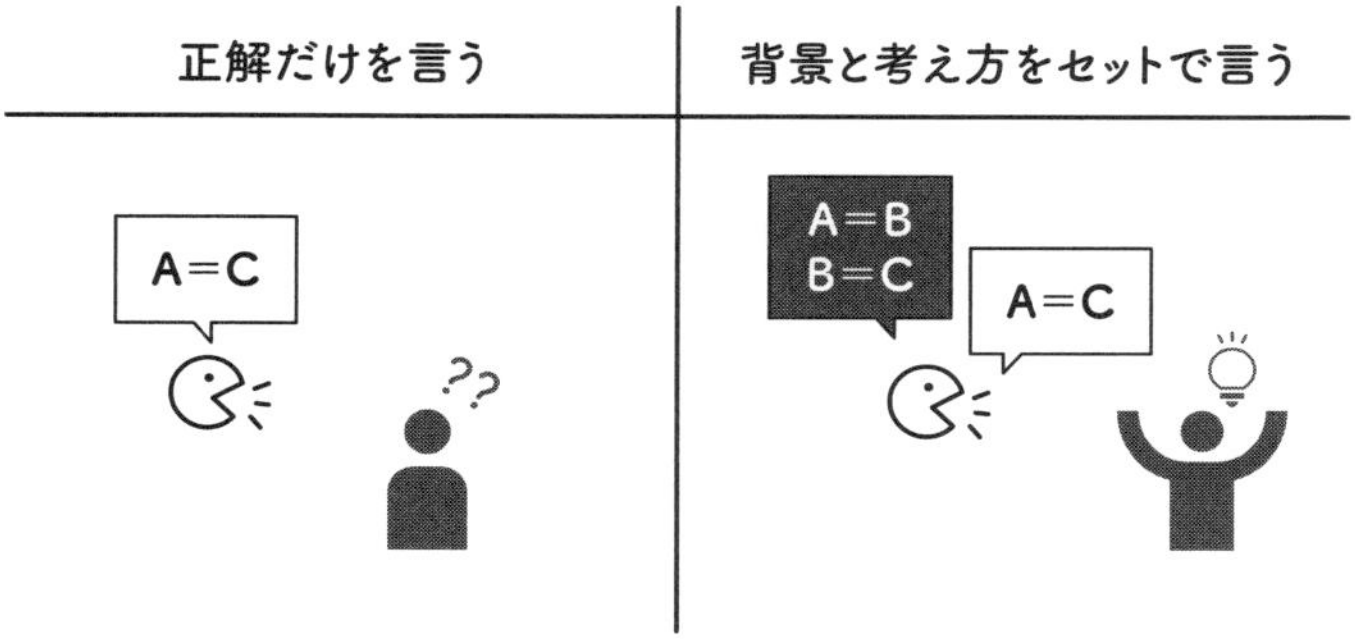

と考えるクセを持つようにしましょう。

そして、相手に正解を伝える前に、必ずそこに辿り着いた思考の道筋を話すようにしましょう。

「マニュアルに書いてある」「先輩からそれが正解だと言われた」と言ってしまう人は、**正解までの思考の道筋を考えない頭になっている**ので要注意です。

「伝わる」ためのポイント③

「正解を言えば相手は分かる」は幻想。正解を導き出した背景と考え方を伝えることで、相手の納得感を引き出す。

捨てるべき思い込み 4

伝わらないのは相手が「考えていない」からだ

……と思っている

「考えろ！」で相手の頭は動くのか

私が大学生の時に、ある物理の問題を解いている時のことでした。解答に悩んでいると、知人が後ろから覗き込み、

「高橋くん、もっと考えないと解けないよ」

と言い残して去りました。

「もっと考えるって、どういうこと？」と思いましたが、それ以上考えても問題を解けず、解くことを諦めました。

多くの人は、考えが浅い相手に対して、

「もっと考えろ！」と言えば、いつか相手は答えを出せる

と思い込んでいます。しかし、その言葉だけでは、残念ながら相手は答えに辿り着くことはできません。

「考えること」を考えさせる

私はどうしてもその問題が解けないので、先ほどの恩師に質問しに行くと、

「どこが分からないのかね？」

と聞かれました。そして、私の思考が止まっているところを見つけ出すと、

「次に考えることは何だろう？」

と私に質問しました。それから、次のような会話になりました。

「これかな？　いや、違う。これですね！」

「そうそう、よく気づいたね。次は……」

先生は、答えを一切言わず「本当にそう？」「次はどうする？」と私が考えることを導いてくださいました。会話の締めくくりに、

「答えを見つけることより、〝答えに辿り着く考え方〟を見つけるほうが大事だ」

と言いました。つまり、答えはそこでしか使えないですが、**答えに辿り着く**

「考えること」が分かれば相手の思考は動き出す

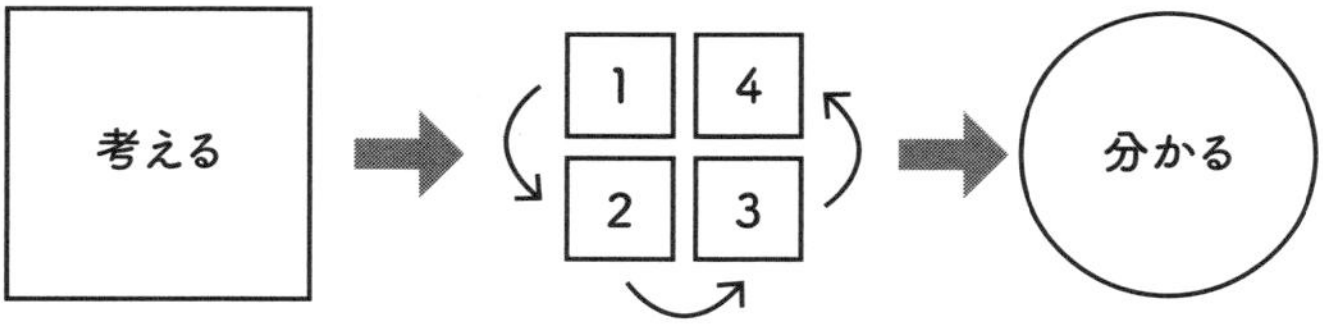

考え方は応用が利くということです。

先生の教えは、私の働き方に大きく影響しています。人が自立的に動けるようになるには、**答えの暗記ではなく、答えに辿り着く考え方を身につける**ことが重要です。

そのためには、「考えて」と言いっぱなしにするのではなく、**相手の思考のガイド役となって、相手に考えてほしいことを考えさせる**ようにしましょう。

「伝わる」ためのポイント④

相手が自立的に動けるようにするには、答えを出す考え方を身につけさせる「思考のガイド役」として立ち回るべし。

捨てるべき思い込み 5

「ダメ出し」で相手は成長する

……と思っている

人の思考を殺す会議

あるメーカーの新商品企画会議に参加していた時の一幕です。

企画担当者が新商品のアイデアを発表していると、部長がひと言、

「こんな商品じゃダメだな……」


と言いました。

私は、アイデア次第で面白くできそうだと思いましたが、次の会議ではその企画は出てきませんでした。担当者に企画を出さなかった理由を聞くと、

「部長にダメと言われたので、ムリだと思いました」


と言いました。

部長に悪気はなかったと思いますが、**人は考えを否定されると二度とやろうとしません。**

アイデアの原石を一緒に磨く

会議が終わった後、私は企画部長を呼び止めると、

「アイデアの原石を砕くのではなく、一緒に磨いてはいかがでしょうか？」

と伝えました。

せっかく、相手が時間と頭脳を使って考えたことをダメだと言われたら、相手は考えることをしなくなります。それは**お互いにとって不利益**です。

部長は反省した様子で、「どうすればいいでしょう？」と聞いてきたので、

「相手に『ダメ』とは言わず、『こうしてみたら？』と提案しませんか？」

とアドバイスしました。

次の会議では部長が、「先日の新商品の件、なかなか面白いと思っているんだが、

アイデアの原石を一緒に磨く

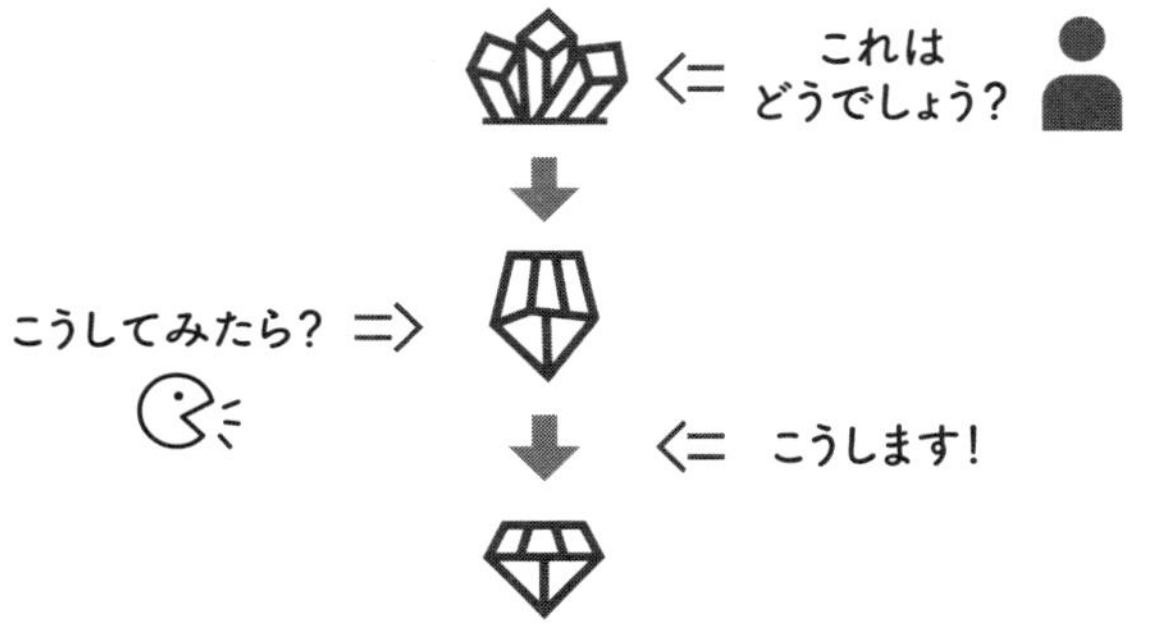

この要素を付け加えてみたらどうだろう？」と企画担当者に提案すると、

「はい、考えてみます！」

と笑顔で答えました。

相手の自発性を引き出すには、**相手が時間と頭脳を使って考えたアイデアを尊重し、一緒に磨き上げるスタンスを持つ**ようにしましょう。

「伝わる」ためのポイント⑤

相手が考えたことに対して、ダメ出しではなく、その考えをより良くする提案で、一緒にアイデアを磨き上げる。

捨てるべき思い込み 6

「やっておいて」で相手は動く

……と思っている

「思考の丸投げ」は相手の動きを止める

私がベンチャー企業に勤めていた時のことです。

部下に「資料をつくっておいて」と指示したのですが、外出先から戻って確認すると一ページも資料はできていませんでした。

私は思わず、

「資料をつくっておいてと言ったのに、どうしてやっていないんだ！」

と語気を荒らげて言ってしまいました。

すると部下は、申し訳なさそうな表情で、

「どのような資料をつくったらいいのか、悩んでいました……」

と答えました。

相手に「やっておいて」と指示はしたものの、**相手の頭の中には、作成する資料のイメージができていなかった**のです。

「一緒に考える」ではなく「相手の思考の半歩先を行く」

私は、言えば相手はできると思い込んでいたことを反省し、作成する資料について部下と話し合いました。

「全体の構成はこれでどうだろう？」

「タイトルは何がいいと思う？」

「例えば、この表現はどう？」

と、**考えるべき要素を提示し、相手の考えを引き出し、考えが出ないところは提案で補う**ことで、資料はどんどんかたちになっていきました。

「ここまでできたら、あとは一人で資料をつくれる？」

と聞くと、部下は「はい！　大丈夫です」と答えました。

相手の思考が進まない時には、一緒に同じことを考えるよりも、**相手の思考の状態を読み取って、相手の思考の半歩先から、次に考えるべきこ**

とをガイドします。
そうすることで、相手は自ら考え、やってみようという気持ちになります。
これが、**「相手の思考の解像度を上げる」**ということです。

相手の思考の半歩先を行く

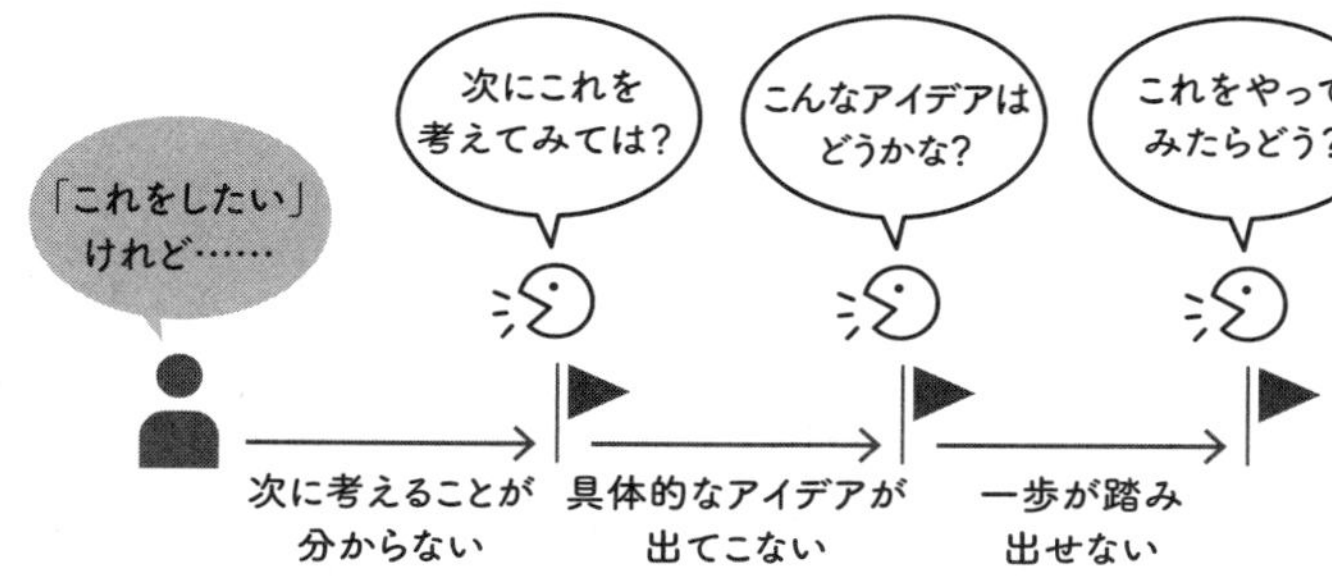

「伝わる」ためのポイント⑥

相手に「やっておいて」と丸投げしてはダメ。

相手の頭の中に考えることのイメージをつくり上げるように、相手の思考の半歩先からガイドする。

「自分が主体」となって相手を「動かそう」としてしまう代表的な6つの「思い込み」を挙げましたが、どれかひとつでも当てはまることがあれば、今日から見直してみてください。

優秀なコンサルタントは、**クライアントが動いて成果を上げることを約束し、そのための手段としての話し方を日々研鑽**しています。

CHAPTER2では、コンサルタントが実践する、「相手のやる気を引き出し動いてもらう」ための話し方のコツと、そのための頭の使い方について詳しく見ていくことにします。

CHAPTER2

コンサルタントの話はなぜ伝わるのか？

会話の中で相手の思考の解像度を上げていく

思考の解像度とは何か？

本書の「はじめに」で、**相手が「動いてくれない」のは、相手の思考の解像度を上げられていないから**だと書きましたが、まずは思考の解像度とはどのようなことなのか、詳しく見ていきましょう。

そもそも、「思考の解像度」とは何でしょうか？

「思考の解像度が高い人」とは、まるで映画を見ているかのように**自分が行動しているイメージがハッキリ頭の中に描けて**いて、自信を持って行動することができ、成果を上げられる人を指します。

一方で、**「思考の解像度が低い人」**とは、**自分が行動しているイメージが頭の中でボンヤリ**していて、次の一歩が踏み出せない、または場当たり的に行動し、バッドエンドを迎えてしまうような人です。

スポーツ選手が行う**「イメージトレーニング」**は、思考の解像度を上げる訓練のひとつで、様々なシーンを想像しながら自分の動き方を頭の中でイメージして試合に備えます。

大谷翔平選手は、休みの日には様々な選手のスイングや投球フォームを見て、イメージトレーニングをしているそうです。そうすることで、本番でもイメージ通り動けるのです。

これは、ビジネスでも同様です。取引先でのプレゼンテーションで、イメージができている人とそうでない人では、**話し方や声のトーン、内容の強弱やま**

とめ方、質問の受け答えまで全てが違います。

当然、**イメージが具体的であるほうが、成功する確率は高くなり、細かな指示をしなくても能動的に動ける**ようになります。

優れたコンサルタントの話で「相手が動けるようになる」理由

クライアントに成果を上げさせる優れたコンサルタントは、相手の思考の解像度を上げる話し方を駆使して、

「相手のやりたいことを引き出し」

「具体的に動いている状態を描き」

「自信をつけて行動を後押しする」

ことで、相手が「**自分事**」として「**能動的**」に動ける状態にしています。

優秀なコンサルタントの話し方

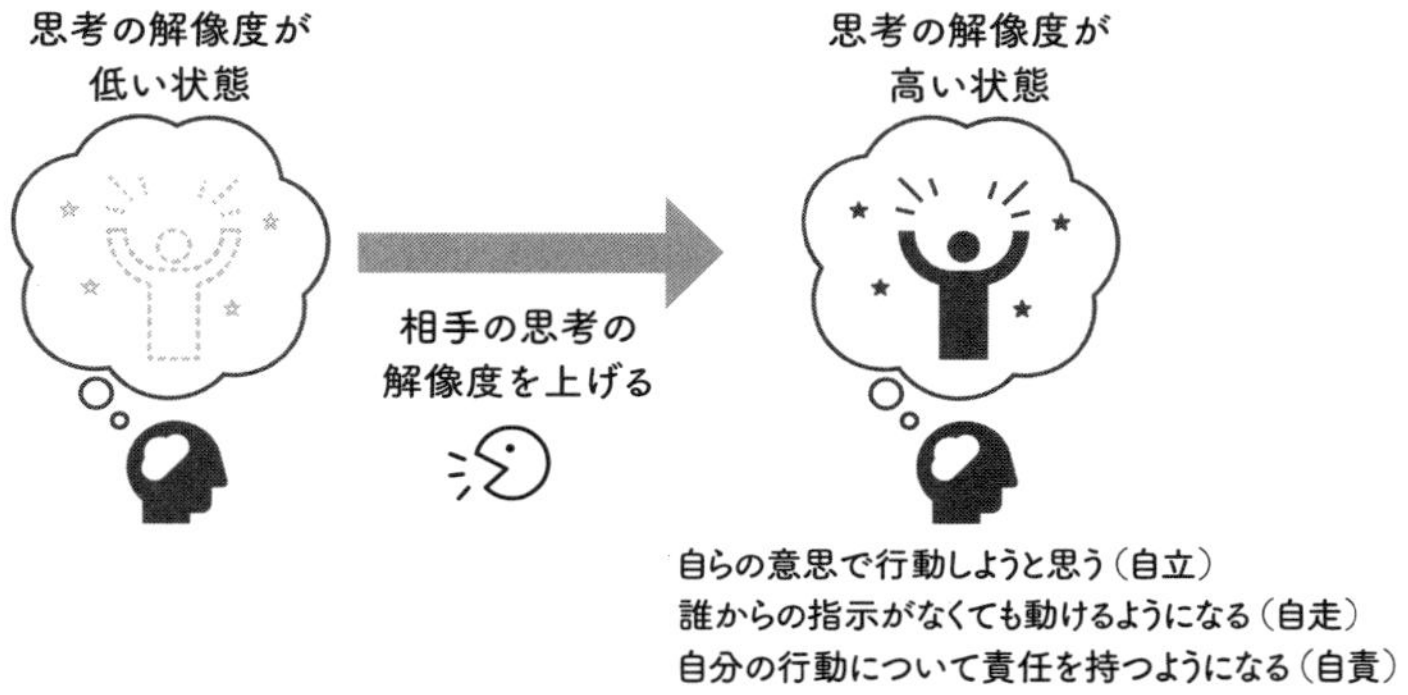

そうすることで、相手が

1. 自らの意思で行動しようと思う（自立）

2. 誰からの指示がなくても動けるようになる（自走）

3. 自分の行動について責任を持つようになる（自責）

ことを支援しています。

一方、ダメなコンサルタントは相手の思考の解像度が低い状態にもかかわらず、「ああしろ」「こうしろ」と自分の考えを伝えて、強引に相手を動かそうとします。

これでは、相手は動けないだけでなく、やる気が低下し、そのうちそっぽを向かれてしまいます。

相手にやる気を持って動いてもらいたいと思うなら、まずは**会話の中で相手の思考の解像度を上げていく意識を持つ**ことが大事です。

相手の思考の解像度を上げる話し方は、ビジネスだけでなく日常の様々なシーンでも活かすことができます。

例えば、「子どもがなかなか勉強しない」「旦那が掃除を手伝ってくれない」というシーンでも、相手の思考の解像度を上げる話し方で、やる気を出して能動的に動いてもらえるようになります。

相手の頭の中に成功イメージを描くように話す

優れたコンサルタントが気をつけているたったひとつのこと

では、会話の中で相手の思考の解像度を上げるには、どうすればいいのでしょう。

私は様々なコンサルタントと共に、200社以上で社員が成果を上げる支援をしてきました。

その経験から、「相手の思考の解像度を上げる」ために、優れたコンサルタントが気をつけていることは、たったひとつであることに気がつきました。

それは、**「相手の頭の中に成果を上げているイメージを描写する」**ことです。

京セラ創業者の稲盛和夫さんは、

「見える」状態になるまで深く考え抜いていかなければ、前例のない仕事や、創造的な仕事、いくつもの壁が立ちはだかっているような困難な仕事をやり遂げることはできません。

という言葉を残しています。

頭のいい人が話しながら考えていること

多くの経営者やリーダーは、自分の思い通りに相手を動かしたいと思い、「こうすべきだ」「こうしないとダメだ」と、無意識に上から目線で話してしまいます。

しかし、これだと社員は納得しないどころか、それ以上考えることをやめてしまいます。

一方、相手に成果を上げさせる優れたコンサルタントは、**相手の思考状態を推測し、その半歩先から思考をガイドし続けることで、相手の頭の中に成果を上げているイメージをつくり上げます。**

険しい山に挑戦する登山者をガイドする優れたシェルパが、相手の体調を推測しながら、半歩先から的確に進む道をガイドすることで、**相手が自力で頂上に辿り着ける**ようにすることに似ています。

ポイントは、「**自分が相手なら、どう行動するか？**」を考え続けることです。

自分が主役ではなく、相手を主役に「どう動けば成功できるか？」と考えることで、相手の半歩先から思考をガイドしていきます。

仮に自分であれば切り抜けられる状況であっても、相手のスキルや経験によっては回り道をする必要があるかもしれません。

優れたコンサルタントは、相手から考えを引き出すことで、**回り道へガイドするか、多少ムリをしてでもこのまま進むほうへガイドするか、もしくは来た道を戻るかを常に考えながら**話しています。

相手に成果を上げさせるように話す。それが優れたコンサルタントの証し

優れたコンサルタントの成果の上げ方

ビジネスの世界での「成果」とは、**「顧客へ価値を提供し、それに相応しい対価を頂くこと」**です。その成果の上げ方には大きく**3つの方法**があります。

1つ目は**自分が動いて成果を上げる**方法です。

個人飲食店のように、自分で食材を仕入れて、料理をつくってお客さんの元へ運び、レジ打ちしてお金をもらうイメージです。

全て自分でコントロールできる良さはありますが、**自分が頑張った以上の成果は得られません。**そういう働き方もありだと思いますが、事業が大きくなってくると、自分一人では全ての作業をこなすことができなくなります。

そこで、2つ目の成果の上げ方は、**自分の作業を他の人と分担する**方法です。

飲食店が大きくなると、料理をつくる人、接客する人、食器を洗う人と作業を分担することで、**一人でできる以上の作業をこなせる**ようになります。

しかし、決められた作業を分担しているだけで、新しい価値を生むことはできません。

さらに成果を上げようとするなら、3つ目の方法が有効です。**相手の思考の解像度を引き上げ、新しい価値を生み出してもらう。**優れたコンサル

成果を上げる3つの方法

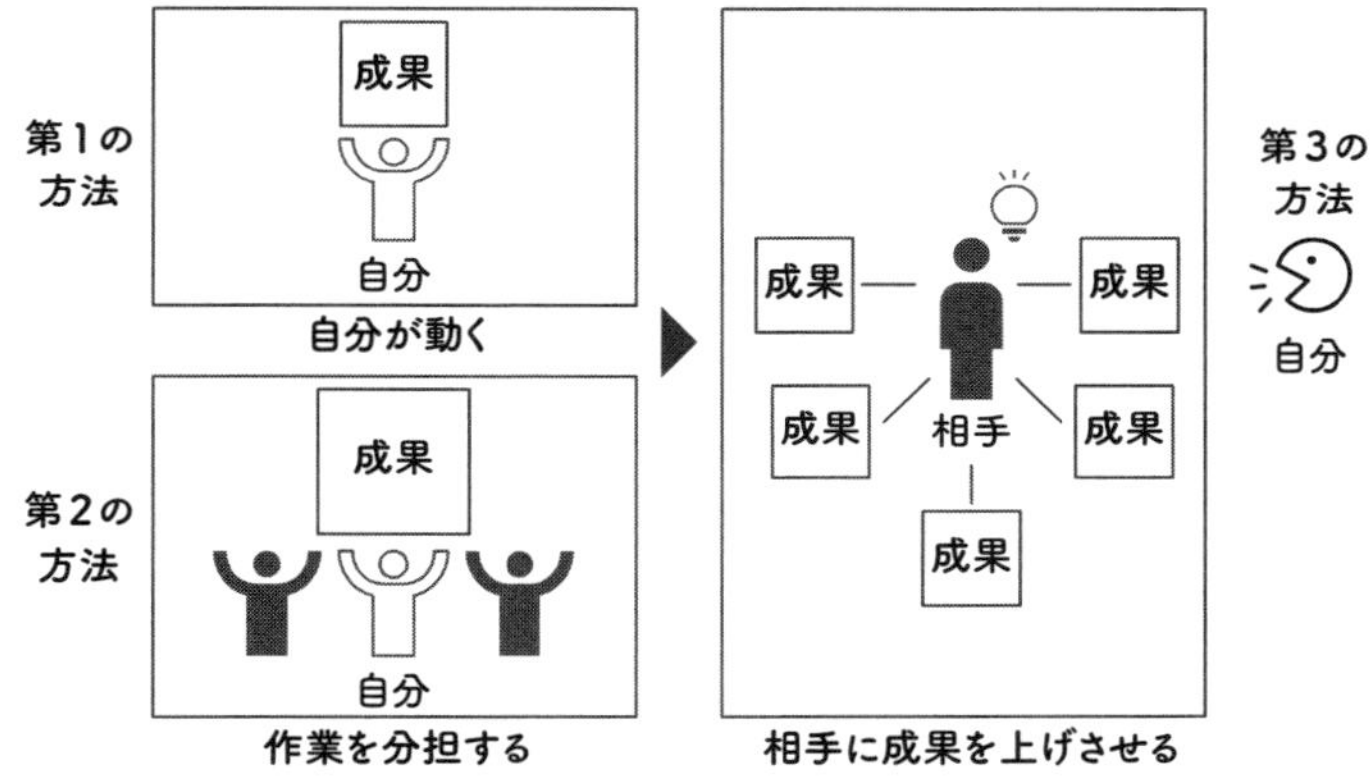

タントは、この方法を用いてクライアントに成果を上げさせています。

これができるようになると、飲食店の事例で料理をつくる人が新メニューを考え、接客する人が新サービスを生み出し、食器を洗う人が短時間で食器を洗う方法を考え出すようになり、**一人で何十人、何百人分の成果を上げられる**ようになります。

経営学の大家であるピーター・F・ドラッカーは、マネジメントを「**組織に成果を上げさせるための道具、機能、機関**」と定義していますが、**相手の思考の解像度を上げる話し方は「マネジメント」そのもの**であると言えます。

思考の解像度を上げて相手の成長を促す

優れたコンサルタントは、ただ単に相手に成果を上げさせることだけでなく、相手の成長を促す存在でもあります。

○これまでできなかったことができるようになる
○新たな価値を自分で生み出せるようになる
○世のため人のために行動し自活できるようになる

これらのことを肝に銘じて、相手の思考の解像度を上げる話し方をしているのです。

このことは、子どもの明るい将来を心から願う親の気持ちに似ています。

思考の解像度が上がると相手は自然と成長していく

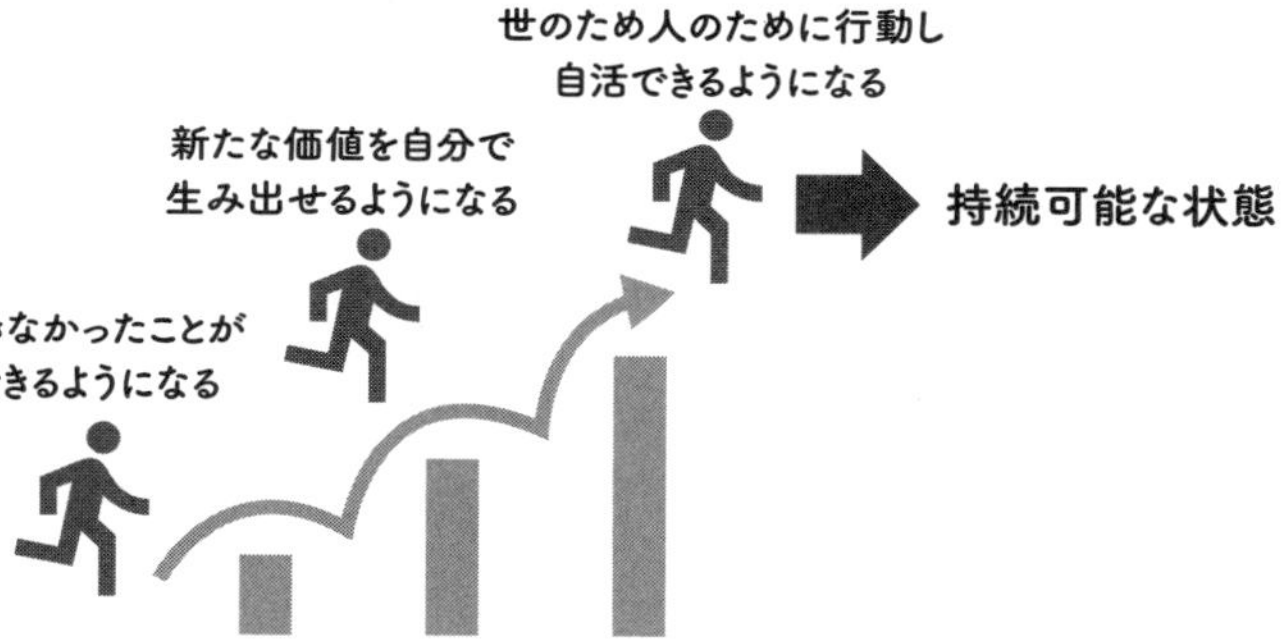
できなかったことが

親がいなくなっても、子どもが自らの足で歩き、人の役に立つ人生を送れるように自立を促す。優れたコンサルタントも、**クライアント自身が新しい価値を生み出し、社会の役に立つ存在として自走し、持続可能な経営ができるようになることを願い**ながら、相手の思考の解像度を引き上げるようにしています。

ここで第1部は終わりです。これまでにご紹介した内容を普段の会話の中で意識すると、伝わらない話し方の「クセ」を直すことができます。第2部では、本書の核心である、「相手の思考の解像度を上げる」話し方の順番について解説していきます。

まとめ

「伝わる」話し方

＝

「相手に動いてもらう」話し方

優れたコンサルタントの話し方の極意は、
会話を通じて相手の思考の解像度を上げること。

そのためには、次の2点を意識する。

・会話の主役は自分ではなく、相手である
・相手の頭の中に成功イメージを描写するように話す

第2部

相手の思考の
解像度を上げる
話し方の順番

思考の解像度を上げるための5つのステップ

話し方は順番が9割

いよいよ第2部からは、相手の思考の解像度を上げるための話し方の順番をステップ1〜5に分けて、それぞれのステップについて解説していきます。

なぜ、話し方の「**順番**」が大事なのでしょうか?

それは、相手がやる気を出して行動し、成果を上げるまでに、思考の解像度を5段階で上げていく必要があるからです。

ステップ1：相手が「やりたいこと」を**言語化**できている
ステップ2：相手が「やりたいこと」の**全体像**をつかめている
ステップ3：相手が「やりたいこと」を**具体化**できている
ステップ4：相手が「やりたいこと」を**成果に変換**できている
ステップ5：相手が「やりたいこと」を**実行**し成果を上げている

相手の思考の解像度を上げるとは、

相手の思考がステップ1～5のどの段階にあるのかを確認し、次のステップへ進めるような話し方で思考をガイドし、ステップ5まで相手の思考を動かし続ける

ということです。

相手の思考の状態を無視した話し方では、ただ相手を混乱させるばかりで、いつまでたっても相手は成果を上げられません。

言い換えると、**相手の思考の段階に応じた話し方**をすることで、相手はやる気を出して、自ら動き、成果を上げられるようになるのです。

それでは、**各ステップをクリアする話し方**のポイントを見ていきましょう。

STEP1 相手の「やりたいこと」を言語化する

相手の「やりたいこと」がハッキリしていない時には、**「やりたいこと」を言語化すること**から始めます。

まずは、相手の「やりたいこと」を聞き出しましょう。**人は質問されると思考のスイッチが入って、**自ら「やりたいこと」を考え始めます。

質問のコツとしては、

○過去に感動した体験から見つけ出す
○今問題に思っていることから探り当てる
○叶えたい夢から逆算する

といった方法があります。このステップでのポイントは、**本当にやりたいことを掘り下げる**ことです。この掘り下げが弱いと、その後のステップで**相手は考えることを諦めてしまう**可能性があるからです。

STEP2 相手の「やりたいこと」の全体像を整理する

「やりたいこと」の言語化はできているけれど、何から手をつけていけばいいか分からない時には、**取り組むことの全体像を整理**します。

取り組むことの全体像を整理するとは、実現するために**取り組む全ての「要素」を出し切って、優先順位をつける**ことです。

例えば、「家をキレイにしたい」場合には、

「部屋を片付ける」→「掃除機をかける」→「机や棚を拭く」→「風呂場を洗う」→「ゴミを捨てる」

といった具合に、考えるべき**要素**を洗い出して取り組む順番を決めます。

このステップでのポイントは、取り組むことの「具体的な方法」を考える前に、**取り組む要素を整理する**ことです。

それをしないまま会話を進めてしまうと、途中で何を話しているのかが分からなくなり迷走してしまいます。

STEP3 相手の「やりたいこと」を具体化する

考えるべき要素の整理まではできたものの、実際に動いているイメージが見えていない時には、**動けるようになるまでイメージを具体化**します。

イメージを具体化する方法としては、

「固有名詞」「動詞」「数字」に落とし込む

ことが有効です。

このステップでのポイントは、**具体化のテクニックを使って相手の思考**

をガイドし続けることです。

そして、**相手に応じて具体化するレベルを変える**ことにも注意します。

例えば、「明日の午後5時までに資料をつくって」と指示するだけで資料がつくれる相手と、「X社向けの提案書を、このような構成で5～6ページでつくって」のように具体化しないと動けない相手とでは、具体化するレベルが変わります。

相手によって**「どこまで具体化すれば動けるようになるか」**を常に意識しましょう。ここをなおざりにしてしまうと、いつまでたっても相手は動けません。

STEP4 相手の「やりたいこと」を成果につなげる

「やりたいこと」が具体化できたら、行動を成果につなげるために、**行動の先にいる誰かの視点から価値を確認し、行動を見直し**ます。

例えば、自分があげたいものをプレゼント用に買おうとしている相手には、プレゼントされる**誰かの視点に立って価値を再確認**します。

そうすることで、相手視点で考えてきた「やりたいこと」を、**その先にいる誰かの価値へ変換する**ことができます。

それをせず、次のステップに進んでしまうと、相手に無駄骨を折らせてしまい、「もう二度とやりたくない」となりかねません。

このステップでは、相手視点から離れて、**「行動の先にいる誰かにとって価値になるのか？」**を確認し、行動の見直しが必要なら提案します。

STEP5 相手の「やりたいこと」の実行を後押しする

相手は納得感を持って「やろう」と思っているものの、実行に踏み切れない時は、実行の先にある**「素敵な未来」**を見せるようにします。

例えば、好きな人に告白しようとしても言い出せない相手には、「付き合うことになったら、趣味の料理を一緒につくって食事したら素敵だね」と、相手が前向きな未来をイメージできるような話し方をします。

ポイントは、**行動した先にある素敵な未来を見せて、相手に自信を持たせて送り出す**ことです。

くれぐれも「失敗したらどうする?」や「責任は取れるのか?」と**相手の心を折るようなことは言わない**ように気をつけましょう。

ここからは、思考の解像度を上げる話し方のテクニックについて解説します。

キーワードは「相手の頭の中に成功イメージを描写する」です。

コミュニケーションにおける「思い込み」を回避しつつ、ここでご紹介したステップ1~5を順番にクリアしていくことで、誰でも確実に「伝わる」話し方ができるようになります。

相手の思考の解像度を上げる5つのステップ

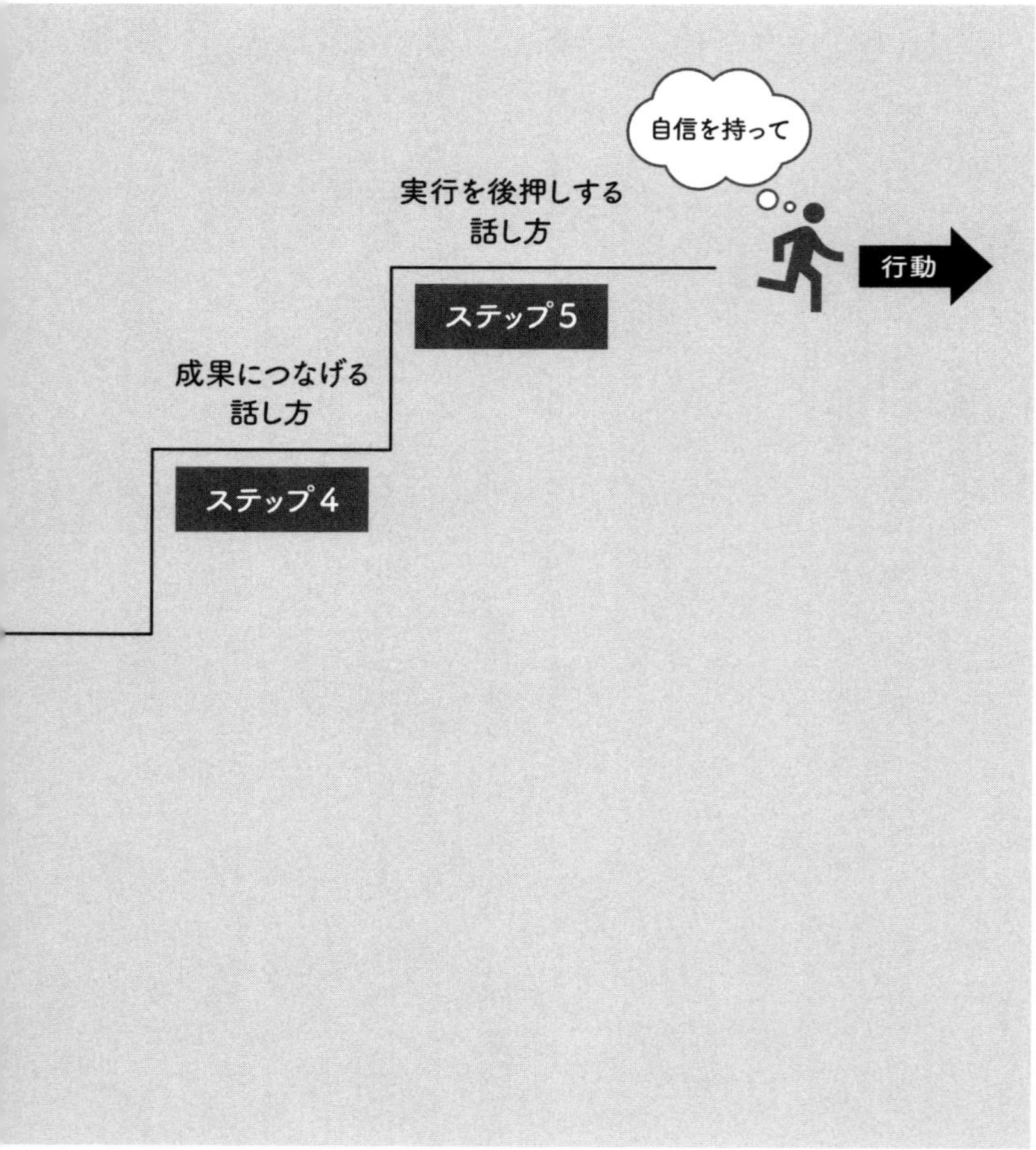

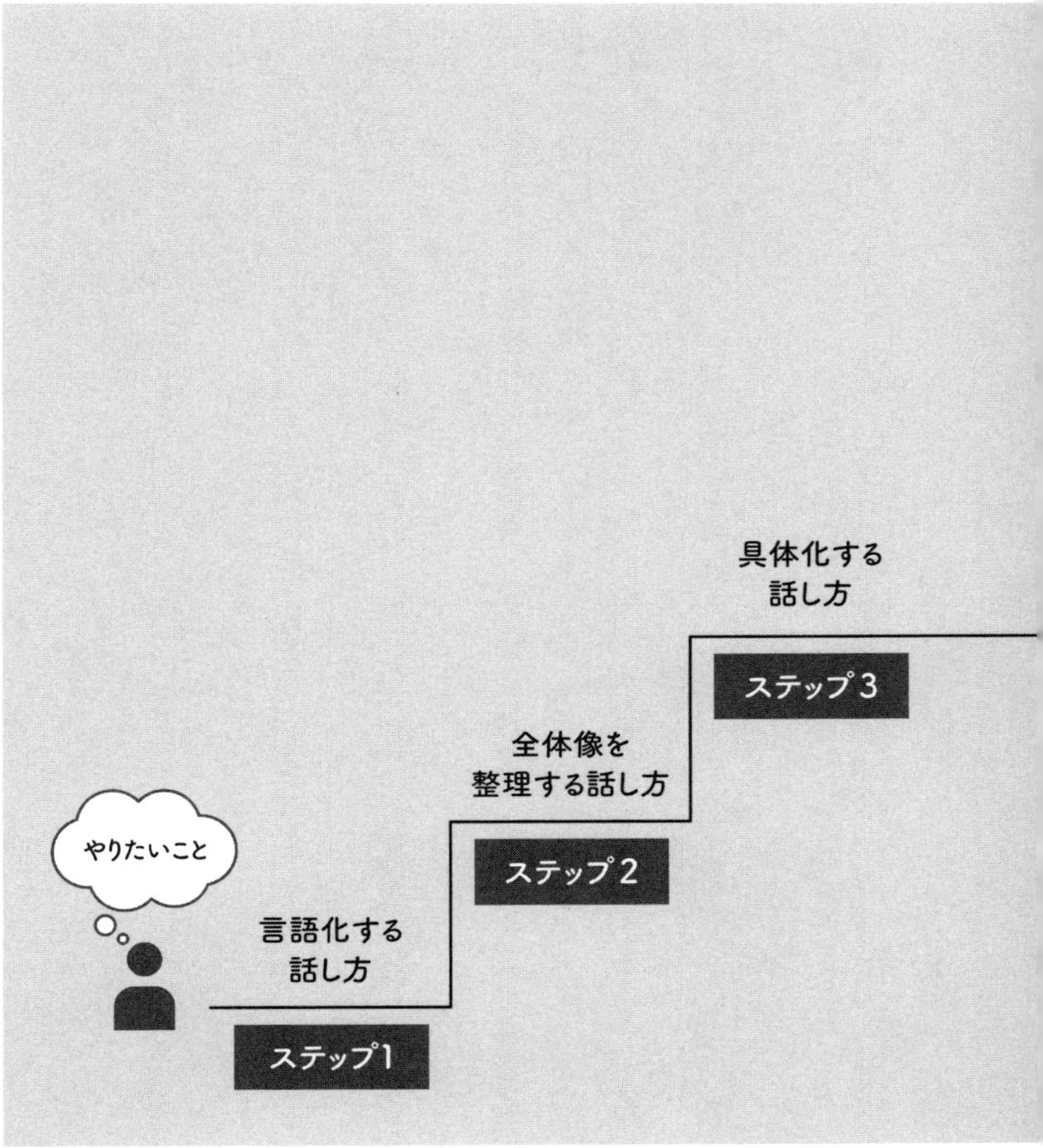

具体化する
話し方
ステップ3
全体像を
整理する話し方
ステップ2
やりたいこと
言語化する
話し方
ステップ1

ステップ1の段階では、相手の頭脳は「やりたいこと」を見つけられておらず、思考がボンヤリしている状態です。

この状態で、「何をしたいのか？」や「こうしたほうがいい」と言っても相手は動けません。

そこで、相手の「やりたいこと」を引き出しながら言語化を支援し、思考の解像度を引き上げていきます。

STEP 1

「やりたいこと」を言語化する話し方

STEP 1-1

思考のスイッチがOFFになっている人の特徴

自分の頭で考えていない人には、話を聞いてもらえない

以前、ある社長の出資の相談に乗った時のことです。

社長「腕のいいシェフに出会って、自分の店を持ちたいと言われたので、出資することにしました。高橋さんはどう思いますか?」

高橋「社長は、その店をどのように運営していくかイメージをお持ちですか?」

社長「外食業界のことは分からないので、全てシェフに任せるつもりです」
高橋「もしシェフが居なくなったら、お店はどうやって経営するのですか？」
社長「その時は、別のシェフを見つけて任せますよ」
高橋（んー、ずいぶん楽観的だな。この先大丈夫だろうか……）

後日知人から聞きましたが、レストランを出店してからずっと赤字が続いたため、社長はシェフをクビにして別のシェフを雇ったそうですが、赤字は改善されず1年足らずでレストランを閉店したそうです。

自分では考えず、誰かに任せきりにしている。このような状態を「思考のスイッチがＯＦＦになっている」状態と言います。

思考のスイッチがＯＦＦになっている人は、**自分で考えるのではなく答えを欲しがり**、答えを出せる人に依存する傾向があります。このような人に提案やアドバイスをしても、「自分事」として捉えられず、思考の解像度を上げることができません。このままでは、せっかく**提案をしても聞き入れてもらえません。**相手に「やりたいこと」がなければ、こちらが何を言っても響かないのです。

先の例のほかにも、テストの前日に一夜漬けで対策をする学生（私も中高生時代はこちらの部類でした）や、指示待ちの社員、広告代理店やコンサルタントに仕事を丸投げするクライアント、経験の枠内で答えを出そうとする上司などは、思考のスイッチがＯＦＦになっていると言えます。

このような状態から相手を抜け出させるには、まず相手の思考のスイッチをＯＮにする話し方から始めます。

相手の思考の解像度を上げるためには、相手の頭脳が「考えたい状態になっている」＝**「やりたいこと」がある状態になっているのが大前提**です。

「やりたいこと」がない、もしくはボンヤリしている相手に対して、提案やアドバイスを何度繰り返しても、「自分事」として聞き入れてもらうことができません。「なぜそれをやる必要があるのか」が分かって初めて、相手は話を聞こうという態勢になってくれます。

そのために、相手との会話の中から「やりたいこと」を引き出し、思考を始めるキッカケをつくることが必要なのです。

第1部でも強調してきたように、「伝わる」話し方をするためには、**会話の主役である相手に、「やりたいこと」を自ら発見してもらわなければならないのです。**

心を動かすスイッチを見つける

実は、私も学生時代には友人と遊び呆け、「やりたいこと」を考えたことはありませんでした。

しかし、大学進学を考える時期になり、友人から「大学で何する?」と聞かれて初めて、やりたいことがない自分に不安を感じました。

「やりたいことを見つけないとダメな人生になる!」

どこからともなく、自分を戒める声が聞こえてきました。焦った私は、答えを求めて書店に駆け込みました。アテもなく本棚を眺めながらウロウロしていると、真っ赤な表紙の一冊が目に留まりました。

アインシュタインが書いた、『物理学はいかに創られたか』という本でした。

当時の私は、物理と数学が最も苦手でしたが、なぜかこの本に興味を惹かれて読んでみると、初めの数ページで物理学の面白さに引き込まれました。心の底から感動しながら、「物理なんか役に立たない」と毛嫌いしていた自分を後悔しました。

そして、文系進学予定だった私は思い切って理系進学へ切り替えました。

担任の先生からは「お前の成績では絶対ムリ」と言われ、友人からも「お前の頭じゃ不可能」と言われました。悔しかったですが、そう言われて当然の学力でした。

しかし、**人生で初めて心からやりたいと思えることを見つけた私の心は、周囲から何を言われてもブレることは一切ありません**でした。

この状態になってからは普段の授業にも身が入り、教師が話していることを能動的に聞くようになりました。「やりたいこと」に向かって頭を動かすことで、何でも貪欲に聞いていこうという態勢に入ったのです。

浪人はしましたが、目指していた物理学科に進学することができました。

心を動かすスイッチを見つける

これは受験勉強に限ったことではありません。人は、「聞きたいこと」や「知りたいこと」「話したいこと」があって初めて、自発的に考え、相手の話を聞けるようになるのです。

心を動かすスイッチが入ると、自ら「やりたいこと」を考え始め、思考の解像度を上げる一歩を踏み出します。

そして、「どうすれば実現できるだろう？」「次に何をすればいいだろう？」といった問いが自然と湧き上がり、人に相談や協力を仰ぐようになります。

STEP 1-2

心を動かすスイッチを入れる＝相手の「やりたいこと」を引き出す

能動的に動いてもらうための「スイッチ」の入れ方

大学で物理学科に進学した私は、その後大学院へ進みました。できたばかりの研究室で、先生も若くエネルギーに満ちあふれていました。

大学院一年の夏に、先生から「アメリカの大学との共同研究の話があるが、君はやってみたいか？」と聞かれました。私は「やりたいです！」と即答しました。

先生は、私が研究室に入る時に**「君は何をしたい？」**と、やりたいことを聞いてくれました。私が世界の研究者と一緒に仕事がしたくて、「数年後に海外へ行きたいです」と言っていたことを、先生は覚えていてくださいました。

「かなりハードな研究になると思うけれど、やり切る自信はあるか？」

と、先生は私の**やる気を確認**しました。

私の意思は固く、

「はい！　向こうの研究者といい仕事をしてきます！」

と言って海外へ飛び立ちました。

海外での共同研究は想像以上にハードでしたが、自分の人生にとってかけがえのない経験となり、先生には心から感謝しています。あの時、自分のやりたいことを聞いてくれなければ、海外へ行くことも、世界の研究者と一緒に仕事をすることもなかったと思います。

「やりたいことは何か？」と素直に相手のやりたいことを聞き、意思を確認する話し方は、相手の心を動かすスイッチを入れる最もシンプルな方法です。

ここからは、相手に「やりたいこと」を聞いても、なかなか出てこない人のための話し方について見ていきましょう。

心を動かすスイッチ① 感動エピソードを引き出す

人には「感動する」という素晴らしい感性が備わっています。

感動する＝心を動かすスイッチであることから、相手の感動エピソードを引き出し、「やりたいこと」を見つけ出します。

社食事業会社の社長から、新規事業について相談された時のことです。

「新しい事業をしたいのですが、**何をしていいか思いつきません**」

私はアイデアを提案する前に、社長が感動するポイントを見つけようと、

「社長が**今までに最も感動した体験**は何でしょうか？」

と聞くと、

「**社食でアツアツのご飯を、美味しそうに食べるお客様に感動**しました」

と答えました。社長もご飯（お米）が大好きで、ご飯で喜んでくれると幸せな気持ちになるそうです。

社長の**感動ポイント**をつかんだ私は、

「**社食以上の美味しいご飯**を考えてみてはどうでしょう？」

と提案すると共感してもらえました。

さらにイメージをハッキリさせるため、

「例えば『**できたてご飯のおにぎり屋**』とか……」

と提案したら、社長は笑顔でこう言いました。

「ぜひ、やってみたいです！」

その後、社長との話し合いを重ね、「土鍋の炊き立てご飯のおにぎり屋」を新規事業として出店することになりました。

相手がやりたいことになかなか気づけない時には、**相手が感動したエピソードを引き出し、それをヒントに「やりたいこと」を「提案」する話し方**をすることで、相手の「やりたいこと」の言語化を支援しましょう。

心を動かすスイッチ②
問題に感じていることを引き出す

人は「このままではダメだ」と問題を認識すると、解決しようとする気持ちが自然と生まれます。

この**解決したい気持ち＝心を動かすスイッチ**を入れることで「やりたいこと」を見つけ出します。

ある会社の役員から、社員の離職について相談された時のことです。

「中堅社員の離職率が上がって困っています」

その理由を聞くと、予算達成と部下の育成の両立で疲弊していると話しました。

私は、部下の育成に手間取っている社員が多い**現状を推測**し、

「部下の育成スキルが、社員ごとにバラバラではないでしょうか？」

と聞きました。

すると役員は**「その通りです！」**と言いました。

そこで私は、

「社員が、同じ方法で部下を育成できるのが**理想**ではありませんか？」

と目指すべき理想の姿を推測すると、役員も同意見でした。

「であれば、部下の育成方法の体系化が**課題**ではないでしょうか？」

と私が提案すると、役員は少し考えてから次のように言いました。

「薄々気づいていましたが、やはりそれでしたか！」

その役員は社長に提言し、部下の育成方法の体系化に取り組みました。

問題意識の高い相手には、**現状と理想を推測し、課題を特定する話し方**をすることで、相手の「やりたいこと」の言語化を支援しましょう。

心を動かすスイッチ③

叶えたい夢を引き出す

人は「夢」があると、そこに近づきたい気持ちが起こります。

この**「夢」を叶えたい気持ち＝心を動かすスイッチ**を入れて、「やりたいこと」を見つけ出します。

ある介護用品をつくる起業家から相談を受けた時のことです。

「色々な会社に製品を提案していますが、売れずに悩んでいます……」

目先の売り上げを上げることに追われていると感じた私は、

「そもそも、起業して叶えたい**夢はありましたか？**」

と問いかけました。

すると、それまで沈んでいた表情が明るくなり、

「**足が悪くて困っていた母のような人を助けたい**と思って起業しました」

と答えました。

それから次のような会話をしました。

高橋「提案先の会社は、**夢を叶えるのにベストな相手**でしょうか？」
起業家「いいえ、売り上げ欲しさに大手企業へ提案していました」
高橋「あなたの**夢に共感してくれる相手**へ提案しませんか？」
起業家「実は、先日展示会で意気投合した中小企業の社長がいます」

その社長の母親も、足に同じような障害を抱えていたそうです。

二人は協業し、製品を販売したところ、瞬く間に売り上げは伸びていきました。

夢を持つ相手には、**目指していた夢を引き出し、現状とのギャップを埋める「提案」をする話し方**で、相手の「やりたいこと」の言語化を支援しましょう。

STEP1

テクニック①

「やりたいこと」を翻訳する

「やりたいこと」を言い当てる

ここからは、相手の**「やりたいこと」を引き出す話し方のテクニック**について、いくつかご紹介します。

私が休日に何げなくテレビでニュースを見ていると、ある保育園で絵を描く園児と保育士のやりとりが紹介されていました。

園児「えっと、ここにパパとママがいて……」
保育士「何を描くのかしら～」
園児「山があって、車をここに描いて……」
保育士「これは何の絵なの？」
園児「えーっと、えーっと、……行ったの」
保育士「あ！『○○くんがパパとママとお出かけした』時の絵なんだ」

すると、園児は保育士の方を向いて、嬉しそうに「そう！」と言いました。

保育士は、**園児が言葉にできないことを平易な言葉で「翻訳」することで、言いたかったことを言い当て**ました。

主語と述語をハッキリさせる

この話には続きがあって、その後園児は紙に向かって川や焚き火、バーベキューの風景などの絵を描き出しました。

保育士は「園児がパパとママとお出かけした」と主語と述語を明確にしただけですが、それによって**園児の頭の中の記憶が蘇り、浮かんできた情景を次々に描き出した**のです。

このやりとりを見ていて、

「主語と述語をハッキリさせると、頭の中から記憶があふれ出る」

ことに気がつきました。

私が尊敬するコンサルタントは、クライアントから「営業の効率化が問題です」と相談を受けると、**「営業の効率化とは、誰が何をすることなのでしょうか？」**と聞き直していました。

日本語は、多少曖昧でも意味が通じるメリットはある一方、曖昧にしがちなデメリットもあります。私が海外へ行った時、知人に「hungry（お腹が空いた）」と言ったら、「you or me?」と聞き返されました。

相手が**「やりたいこと」の言語化につまずいている時には、主語と述語を意識して平易な言葉で「翻訳」して**あげましょう。

「やりたいこと」をひと言で要約する

ひと言化で「やりたいこと」をハッキリさせる

私が勤めていたコンサルティング会社で、社内研修を受けた時のことです。

400文字程度の新聞の切り抜きを読んで、相手に内容を伝えるトレーニングをしました。

医療に関する記事で、年々上がる日本の医療費を示しながら、それに対するいく

つかの処方箋として、体質や体調に応じた「運動法」をまとめた内容でした。私は記事を読んだ後、

「日本の医療費は年々上昇傾向で、年齢別の医療費は……」

と、**記事の内容を頭から説明**しようとしました。

すると講師が、

「高橋さん、ひと言で要約してみましょう」

と言いました。

そして、

「**『要は、〜です』**と言ってみてください」

とアドバイスしました。

その瞬間、私は**「この記事を通して何を訴えたいのか？」と記者視点で考える**ようになり、

「要は、『医療費を抑えるためには運動しろ』です」

と相手に伝えました。

要約は「15〜20文字以内」が基本

このワークの最後に、新聞記事のタイトルとの答え合わせがありました。

「高齢者の自宅運動が日本の医療を変える」

記者と私の表現は若干違いますが、日本の医療費抑制のカギが高齢者の運動にあるという意味では同じになりました。そして講師は、

「要約のポイントは15〜20文字以内に収めること」

と言いました。

人は、言いたいことが複数あると、ひとつの文章に詰め込み過ぎてしまいますが、表現できる文字数に制限をかけることで**「伝えるべきこと」をひとつに絞り込める**ようになります。

ちなみに、「Yahoo!」トップ画面に表示される「トピックス」は、15・5文字以内で要約され、見出しを読むだけで内容を大まかにイメージできるようになっています。

相手にやりたいことが色々あって、**話が発散してしまうような場合には、「要約」で相手の話に見出しをつけてあげる**ようにしましょう。

要約は、相手の思考の解像度を上げる際、頻繁に使うテクニックのひとつです。瞬時にできるようになるにはそれなりに訓練が必要ですが、日常でもできるひと言化のトレーニングをご紹介します。

ひと言化① 新聞の記事を読んで、自分なりに「見出し」をつける

「見出し」は、記事を全て読まなくても何が書いてあるか分かるように短く要約されています。普段、私たちは「見出し」を読んでから、自分に興味のある記事を読むという行動をしていますが、これを逆にして、まず**記事を読んで自分がつけた見出しとプロの書いた見出しとを比べる**ことで、要約のスキルを上げることができます。

ひと言化②

テレビや映画の内容をひと言にまとめ、知人や友人に話す

日常でテレビや映画の話題になり、相手から「どんな内容だった？」と聞かれることがあります。この時にストーリーを頭から説明したり、登場人物について事細かに話したりしても、相手の頭にはさっぱり残りません。

私の知人に映画の要約が上手いコンサルタントがいて、あるインド映画を「**インド版北斗の拳**」と要約し、観ていなくても大雑把にイメージできました。テレビや映画の要約を相手に伝え、イメージが伝わるようになればＯＫです。

ひと言化③

会議で「要は〜ですよね？」と話す習慣をつける

会議で話し合いが白熱すると、徐々に話していることが分からなくなり、参加者

の頭の中は「結局、何をするんだっけ？」と混乱することがあります。そのような時には、思い切って「要は～ですよね？」とひと言化に挑戦しましょう。

要約のスキルが未熟なうちは、「違うでしょ？」や「え？　何言っているの？」と否定的な反応をされるかもしれませんが、そこで**萎縮することなく「どこが違ったのか？」「次は言い方を工夫しよう」と反省と実践を繰り返せば、確実に上手くなります。**

私も何度も失敗を重ねながら、要約のスキルが身につきました。ひと言化は練習すればするほど上手くなります。

「その通り！」「それを言いたかった！」と相手から言われることを目指して、要約のスキルアップをしていきましょう。

「週末、彼氏と横浜へ行くんだけど、どんな映画を観ようか迷っていて……。買い物もしたいな。実は、最近買いたい服があって……」

と、したいことが発散しているような相手には、要約のテクニックを使い『彼氏とデートする』話をしているよね？」とひと言にまとめることで、話の脱線を防ぎながら、やりたいことの解像度を引き上げることができます。

テクニック③

「やりたいこと」の土台をつくる

やる気の源になる「原体験」を探り当てる

先ほど、私が高校時代に物理学科を目指した話をしましたが、実は親に強烈に反対されました。母からは、「せっかく大学までのエスカレーター校に入ったのだから、そのまま大学へ行ったら？」と言われました。

一方、父からは「どうして物理を勉強したいと思ったのか？」と聞かれたので、心を打たれたアインシュタインの本を見せて「物理ってこんなに面白いんだ！」と熱っぽく語ると、父は「それなら、やってみろ」と言いました。

つまり、父は私の、

「やりたいことの土台がしっかりしているか」

を確認したのでした。

私も現在の仕事（企業の新商品や新規事業開発のプロジェクト支援）では、ご一緒する経営者や社員から「やりたいこと」を伺いますが、私の父と同様に**「それをやりたいと思うに至った原体験」**を引き出すようにしています。

その理由は、そこがしっかりしていないと、様々な障害や周囲からの圧力で、**簡単に諦めてしまう**からです。

そうならないように「やりたいこと」を引き出したら、「なぜ、それをしたいのか」

を問うことで、相手に「**やりたい理由**」**を考えさせる**ようにします。

ポイントは、「**やりたいこと**」**と相手の**「**原体験**」**を結び付ける話し方**にあります。

人は自身の生き方に大きな影響を与えた体験をもとに、「**何かを変えたい**」**や**「**多くの人と共有したい**」**という想い**を抱きます。そこを掘り下げることで、相手に**やりたいことの土台に気づかせる話し方**でやる気を引き出しましょう。

「強み」に気づかせ相手のやる気を引き上げる

私が小学生の頃、クラスであまり勉強ができない子がいました。

その子は、周りの子にからかわれていました。

ある時、先生がその子の机を見ると綺麗なことに気がつきました。

そして、

「お掃除が上手ね！　教室を綺麗にするのを手伝ってもらえるかしら？」

と言うと、その子は恥ずかしそうにしながら、喜んで頷きました。

授業が終わった後、その子が掃除をすると教室はとても綺麗になりました。

周りの子も驚いて、それからはその子をからかうこともなくなりました。

先生は、

「誰しも得意、不得意があります。だから、不得意なことをバカにしてはダメです」

と言うと、続けて

「得意なことに気づかせて、引き出せば、みんな幸せになれるの」

と言いました。

私は、子ども心にその先生の言葉が強く残りました。

社会人になり、あるコンサルタントと仕事をしていて、

「相手の強みを引き出し、成果を上げさせることが、我々の仕事だ」と教えられた時、その先生の言葉を思い出しました。

人は、「やりたいこと」を叶える力が**自分の中にあることに気づける**と、「やりたいこと」を**もっとやりたいと思う**ようになります。

相手の「弱み」をバカにしたり批判をするのではなく、「やりたいこと」を叶えることにつながる**「強み」を見つけ出す話し方**で、相手に自身の得意なことに気づかせるようにしましょう。

「あなたにしかできない」でやる気に火をつける

業績が急速に悪化した企業がありました。銀行と借り入れ返済の交渉をしなければならず、失敗すれば会社は潰れてしまう局面にありました。

相手の「やりたいこと」の土台をつくる話し方

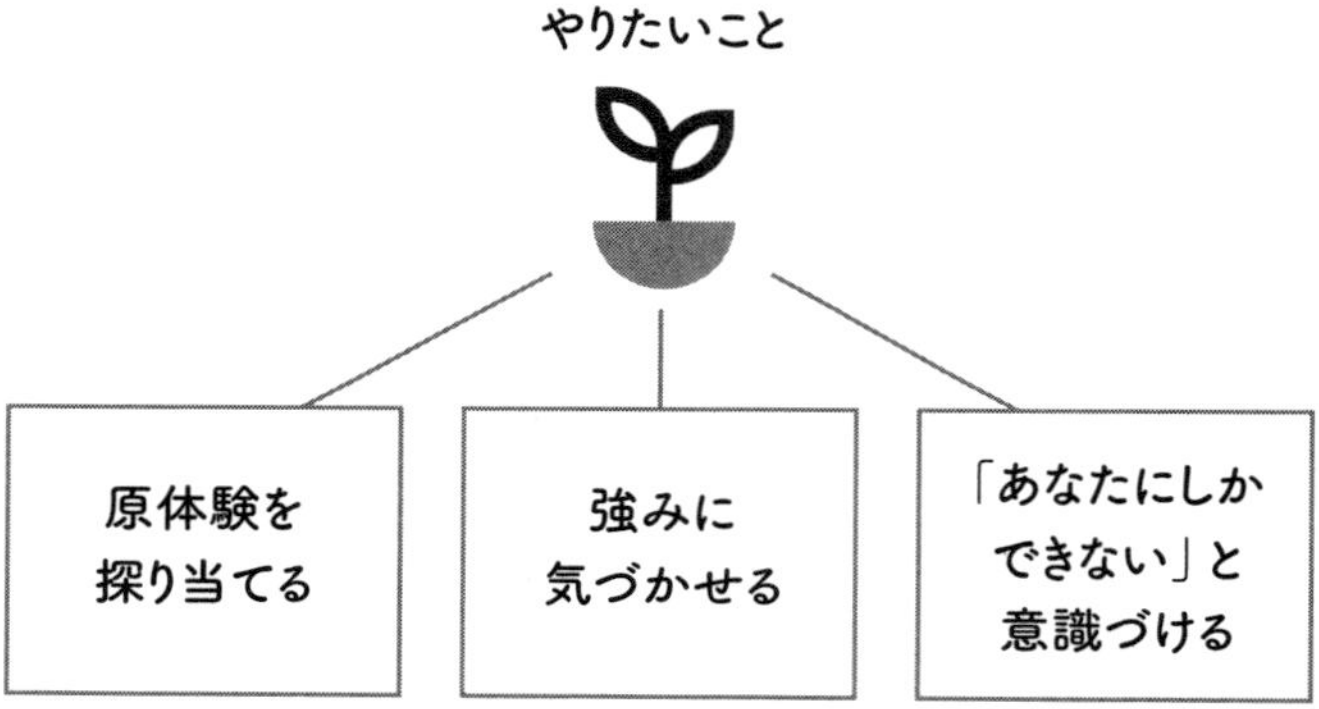

財務担当役員と交渉内容を詰めていきましたが、役員は「話は上手くまとまるのだろうか？」と半信半疑でした。

私はその役員に、

「これは、あなたにしかできない仕事です」

と伝えました。

すると、それまで他人事だった役員の目の色が変わり、

「分かりました。全力で銀行と交渉します！」

と言ったのです。

それを聞いて、私も全力で役員を支援しようと思いました。

結果、銀行交渉を見事にやり切ってくれました。

交渉終了後、居酒屋で打ち上げをしていると、その役員はこう言いました。

「自分にはムリだと思っていましたが、あのひと言でやらねばと思いました」

使命感を持つことで、できないと思っていた心を打ち破ることができたのです。

人はやりたくても、自分にはムリと思ってしまうことがあります。そのような時には、**相手に使命感を持たせるひと言を伝えることで、やる気に火をつける話し方**をしましょう。

ここでステップ1の話は終わりますが、もし「やりたいこと」が見つからない相手に出会ったら、ここで紹介したテクニックを使って相手の思考の解像度を引き上げるようにしましょう。

コラム①

相手の違和感を引き出し気づかせる

ある大学生が就職相談に来ました。

私はステップ1のテクニックを使いましたが、「うーん、何だろう？」と「やりたいこと」になかなか辿り着けません。

その学生は何かをつくることには興味があると話していたので、私は**当てずっぽう**で、

「機械メーカーはどう？」

と聞くと「……機械はあまり興味がありません」と答えました。

次に、

「お菓子づくりはどう？」

と聞くと、表情に変化が表れ「お菓子は好きです！」と言いました。

高橋「じゃ、チョコ？　キャンディー？　それともスナック？」
学生「チョコは好きで、自分でも色々つくります！」
高橋「では、チョコメーカーの企画か製造は？」
学生「企画よりも、つくる作業のほうが好きかもしれません」
高橋「チョコメーカーの製造部門を受けてみたら？」
学生「はい！」

その後、地元の菓子メーカーの製造部門に就職が決まり、「毎日、仕事にやりがいを感じて楽しいです」とメールがありました。

相手から「やりたいこと」が出てこない時には、**相手の発言をヒントに当てずっぽうで提案し、違和感を引き出すことで「やりたいこと」を絞り込む話し方**が有効です。

日本人は「答えを外したら嫌だな」と思う人が多く、当てずっぽうで提案することを避ける傾向にあります。しかし、**当てずっぽうも数撃てば当たる**ので、相手にどんどんボールを投げて考えさせるようにしましょう。

ステップ2の段階では、相手の頭脳は「やりたいこと」の全体像を見渡せていない状態です。

例えば、「提案書をつくろう」と思っても、全体構成のイメージがないまま個別のページの作業に入ると、作成すべきページの抜け漏れが生じ、提案書は完成しません。

そうならないように、相手の「やりたいこと」の全体像を整理する話し方で、考える要素を抜け漏れなく押さえられるように思考をガイドします。

相手の思考の解像度を上げる

STEP 2

「やりたいこと」の全体像を整理する話し方

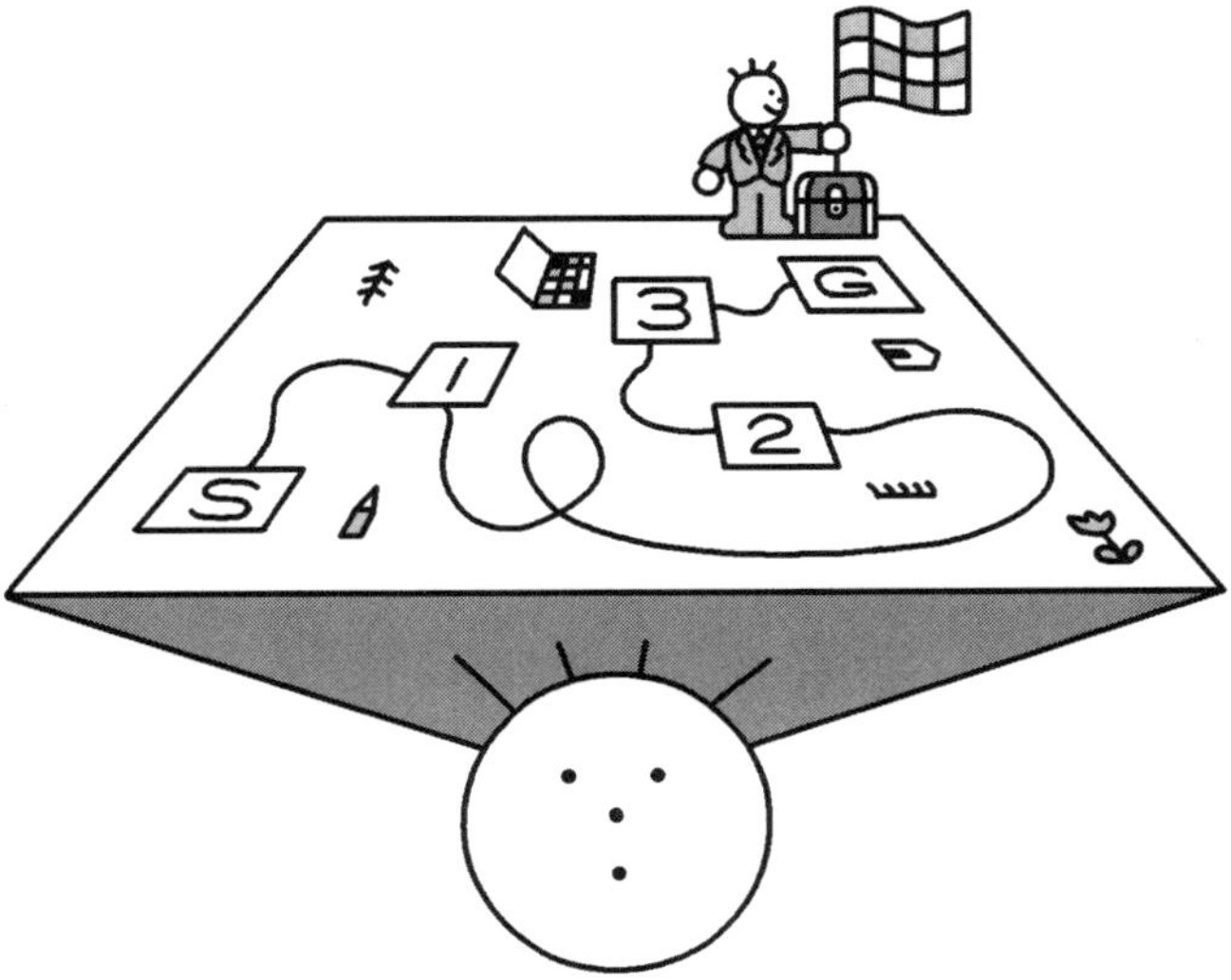

STEP 2-1

「やりたいこと」の全体像が見えていないと失敗する

「後先考えずに動いてしまう人」の特徴

私がコンサルティング会社に入社し、先輩からある企業の事業成長を検討するための調査を依頼されました。

私は、その企業や業界を取り巻く状況など知らなかったので、とりあえず関連する書籍を買い込んでインプットしていました。

その状況を見ていた先輩から、

「調べる前に、何を調べるべきか整理している？」

と聞かれました。

私は「何を調べていいか分からないので、知識のインプットから始めています」と答えると、

「それじゃ、いつまでたっても終わらないよ」

と言われました。

そして、

「優れたコンサルタントは、やることを決めたら、走り出す前にまず『考える要素』と『優先順位』を先に考えて、やることの全体像を整理するものだよ」

とアドバイスしてくれました。

当時の私は、**後先考えず、とりあえず頭に浮かんだことをしてしまって**いました。

それだと、考えるべきことが漏れたり、色々な方向に考えが飛んだり、同じことを考え続けてしまうといったことが起こり、**いつまでたってもゴールに近づくことができません。**

思考の枠組み＝思考の解像度を上げるための「地図」

アドバイスをもらった私は、どうすればいいか考え込んでしまいました。

するとその先輩は、

「考える要素と優先順位を一緒に整理しよう」

と言ってくれました。

そして、

「企業の成長の方向性を検討するには、市場、競合、自社を比較する『3C（Customer、Competitor、Company）』という便利な**思考の枠組み**があるから、それを使って、まずはCustomerの要素を出していこう」

「思考の地図」＝フレームワークを共有する

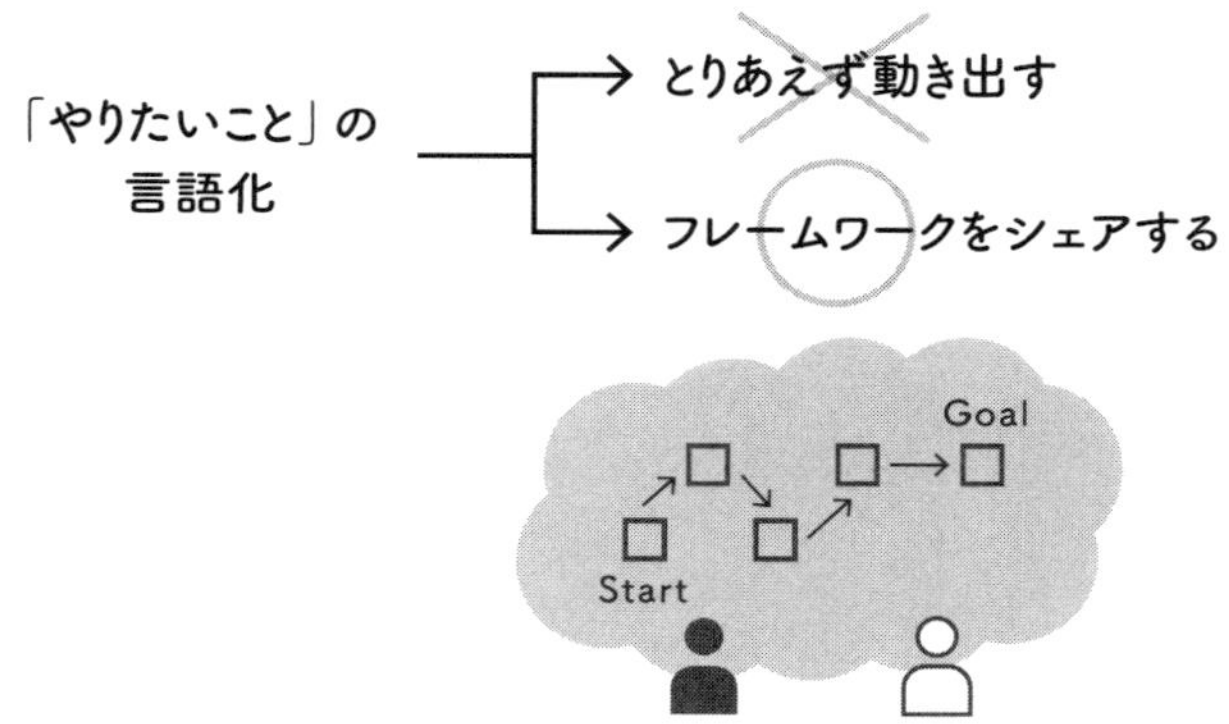

と会話をリードしてくれました。

「やりたいこと」に対して、**「考える要素」の全体の枠組みのことを「フレームワーク」**と言います。

最も汎用的なフレームワークは**「5W1H（Who、What、Why、When、Where、How）」**です。

例えば「ドライブしたい」のであれば、「誰と」「いつ」「どのような方法で」といった要素を出していくことで、実際にドライブすることができるようになります。

「やりたいこと」の言語化ができたら、**「とりあえず動く」のではなく、**

思考の解像度を上げるための地図となる「フレームワーク」をシェアする話し方をすることで、作業の無駄や失敗を防ぐことができるのです。

フレームワークをシェアすることで、相手の思考は「やりたいこと」を実現するために考える要素と順番を整理することができ、思考の解像度を具体的に上げられるようになります。

そして、それぞれの要素について「このアイデアはどうだろう？」「これを知っている人に聞いてみよう」と思考が先へ動き出します。

STEP 2-2

考えるべき要素と順番を意識して話す

「やりたいこと」→「フレームワーク」で話す習慣をつける

先ほど紹介した先輩は、私と話をする際に、常にフレームワークから話を始めていました。

その先輩と居酒屋へ行った時、私がメニューを開いて「何を食べましょうか？」と聞くと、

「この店の料理のジャンルは『和食』で、カテゴリは『前菜』『煮物』『焼物』『ご飯物』か。まずは、前菜はどれがいい？」

とまず料理のジャンルを示し、次に料理のカテゴリを整理し、考える要素の優先順位をつけて話を進めてくれたので、

「まずは枝豆ですね。おっ、卵焼きも食べたいです！」

と、私は食べたい料理までスムーズに辿り着くことができました。

この先輩だけでなく優れたコンサルタントは、仕事でもプライベートでも**常に「やりたいこと」の次に「フレームワーク」を話す習慣**を持っていました。

言い換えると、**お互いの頭の中に共通の思考の枠組みをつくる話し方**をしているのです。

この習慣を身につけると、「やりたいこと」を実現するために相手が**「考えるべきこと」の全体像を提示できる**ようになります。

そして、**相手の半歩先から、考えを深める要素を順番に整理し、**

思考をガイドできるようになります。

考える要素に「優先順位」をつける

ある日、入社したての社員と同じ居酒屋へ行きました。
私が先ほどの先輩と同じように料理のフレームワークを頭に置いて話そうとすると、「ご飯物、うまそうですね！　カツ丼にしようか、焼きそばか迷います……」と、新入社員は**いきなりご飯物から考え始めた**のです。

私は「**まず、前菜から**」と考えていたので、私は新人コンサルタントに「前菜から順に頼んで、お腹の具合を見ながら最後のほうにご飯物を注文しない？」と提案しました。

ものごとには考える順序があり、ご飯物から先に考えると、前菜やその他の料理がどの程度食べられるか予想がつかず、選ぶことができません。

一方、前菜から考えて、お酒を飲みながら少しずつ食べれば、最後にお腹に入る分量のご飯物を選ぶことができます。

このように、フレームワークをもとに考える要素を整理した次は、**考えを深める要素に優先順位をつける話し方**をします。

そうすることで、**相手の思考を混乱させることなく順序立てて思考をガイド**できるだけでなく、**それぞれの要素を行ったり来たりするのを防ぐ**効果もあります。

STEP2

テクニック①

フレームワークをシェアする話し方

「横」→「縦」の順で話を進める

ここからは、相手の「**やりたいこと**」の**全体像を整理する話し方のテクニック**について、いくつかご紹介します。

ある日、知人のコンサルタントの会社の近くでランチへ行った時のことです。

私が「今日ランチどこ行く?」と聞くと、

「この辺だと『和食』『中華』『イタリアン』があるけど、どれがいい?」

と料理のジャンルを聞いてきました。

私が「久々にイタリアンがいい」と言うと、

「じゃあ、『生パスタの店A』『釜焼きピザの店B』『グリル肉の店C』のどれがいい?」

と料理名を挙げてくれました。

私は「グリル肉の店C」を選び、知人と楽しいランチを過ごしました。この時、**店を選ぶのにかかった時間はわずか30秒ほど**でした。

この例での「やりたいこと」は、「知人の会社近くでランチを食べる」です。初めに知人は会社近くの店の**「料理のジャンル」**を提示しました。

私が「イタリアン」を選ぶと、次に**「料理の種類」**を提示しました。

このように、フレームワークを使って相手の思考をガイドする場合には、

①考える要素を「横」に広げる、②考える要素に優先順位をつける、③優先度の高い要素を「縦」に掘り下げるという流れで進めると、スムーズに話を進めることができます（143ページ図参照）。

「大」→「小」の順で話を進める

別の知人とランチへ行き、知人の会社近くで食べることになりました。

「『パスタ』と『ピザ』の店があるけど、どれがいい？」

と知人が料理名を挙げてきました。

私は前日の夜にイタリアンを食べたので、

「イタリアン以外がいい」

と答えると、

「じゃあ、『とんかつ』か『焼きそば』なんかどう？」

と聞いてきました。

私にとってはどれもイマイチで、「ほかにない？」と言うと**同じようなやりとりが何度か続いて5分ほどでようやく店が決まり**ました。

コンサルタントの知人と店を決める時間とを比べると4分以上も長くかかりましたが、その原因は**最初に提示した要素の違い**にあります。

コンサルタントの知人は、初めに「料理のジャンル」を提示し、この知人は「（ジャンルをイタリアンに絞った後の）料理名」を提示しました。要素の大きさは、

ジャンル＞料理名

であり、**「料理のジャンル」から話して料理名へと絞り込んでいく話し方のほうが相手の思考をガイドしやすい**です。

このように、フレームワークを使って思考の全体像を整理する際には、要素を横に広げてから縦に掘り下げ、**大きな要素から小さな要素へ段階的に提示する話し方**を心がけるようにしましょう。

フレームワークをシェアする話し方

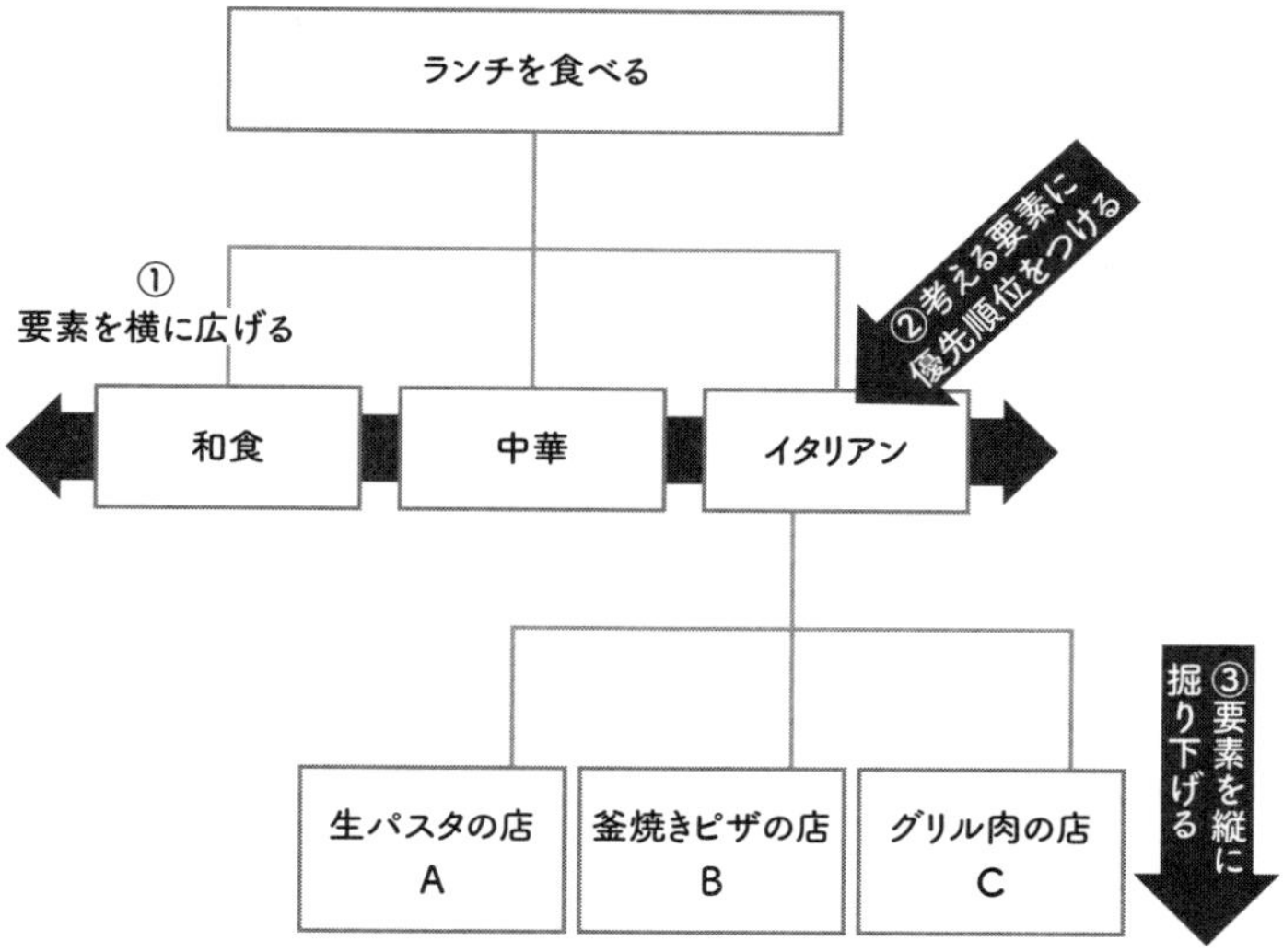

「MECE」に気をつけると話が早い

ランチの店を選んでいた友人とのやりとりです。

友人「『コスパのいい店』『生パスタが美味しい店』『徒歩1分の店』、どれがいい？」

自分「うーん、コスパのいい店って、何が美味しいの？　ここから徒歩何分くらい？」

友人は **「価格」「料理」「移動時間」と、異なる要素の店を同時に提示**してきたので、私はコスパのいい店の「料理」や「移動時間」も気になって確認しようとしました。こんな提示の仕方をされると、**店を決めるまでに時**

間を要してしまいます。

複数の要素について相手の思考をガイドする場合には、**提示する要素に抜け漏れやダブりがない話し方**をしましょう。

先ほどの例で言えば、価格の順で店を紹介すると、

「ランチが600円、1000円、1500円の店があります。**600円**の店は**徒歩10分**で**カレー**が美味しい。**1000円の**店は**徒歩5分**で**生パスタ**が絶品。**1500円**は**徒歩1分**の**焼肉**の名店」

となり、相手は店を選びやすくなります。

フレームワークを使って相手の思考をガイドする際、**提示する要素に抜け漏れやダブりがないようにすること**を「MECE（ミーシー：Mutually Exclusive and Collectively Exhaustive）」と言います。相手に要素を提示する際には、この**MECEを意識した話し方**をするようにしましょう。

フレームワークで思考を整理する

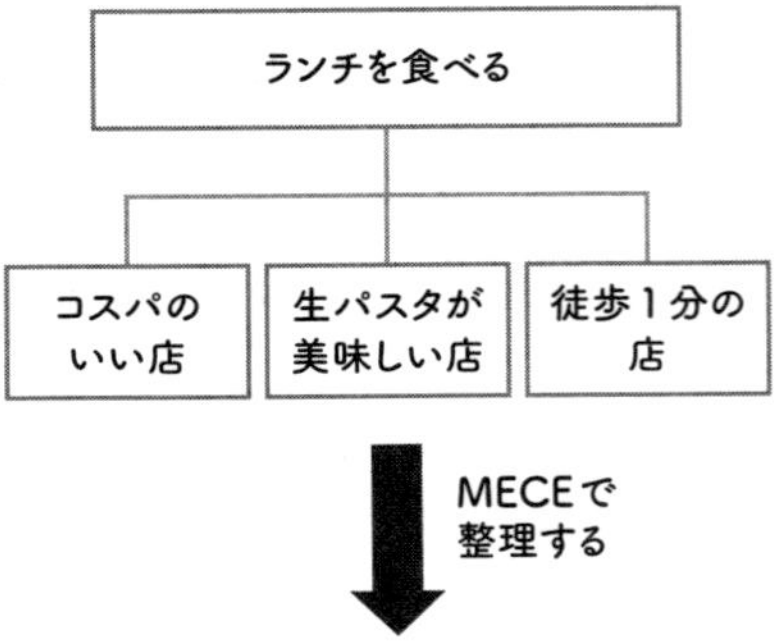

	A	B	C
価格	600円	1000円	1500円
料理	カレー	生パスタ	焼肉
移動時間	10分	5分	1分

▼

要素の抜け漏れがなく
比較しやすい

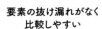

STEP2 テクニック②

優先順位をつけて相手の思考をガイドする

提示する要素に優先順位をつけると話が早い

あるカップルがデート前日に、「明日は横浜で夜はイタリアンにしよう」と予定を話していました。

翌日、横浜を歩き回った二人はクタクタになってしまいました。彼氏が、「そろそろお腹が空いてきたから、ご飯にしようか」

と言ってスマホで近隣の店を調べると、
・徒歩10分の本格イタリアン
・徒歩5分のイタリアバル
・徒歩1分の居酒屋

が出てきました。彼氏は彼女が疲れている様子を察して、

「**歩くのが辛ければ**イタリアンをやめて『徒歩1分の居酒屋』か、**少し歩けるようなら**『徒歩5分のイタリアバル』のどちらかにしない？　10分歩けるなら、行きたいと言っていた『本格イタリアン』もあるけれど……」

と聞きました。

すると彼女は喜んで、

「気を遣ってくれてありがとう。イタリアンはお互い元気な時に行きましょう」

と言って近場の居酒屋へ行きました。

相手が「興味のある要素」「知っている要素」から順番に提示すると話が早い

本来は、料理のジャンルである**「イタリアン」**を優先したいところですが、彼女が疲れていると思った彼氏は、気を利かせて**「移動時間」**の要素を優先し、店を調べました。

そして、当初予定していた「本格イタリアン」ではなく、**「移動時間」を優先**した「徒歩1分の居酒屋」を初めに提示し、次に**「料理」と「移動時間」の折衷案**である「徒歩5分のイタリアバル」を彼女に勧めました。

このように、相手に要素を提示する際には、**相手にとって「興味・関心の高い要素」から提示する**ことがポイントです。

同様に、相手が「知らない要素」を話す時には、**「知っている要素」から先に話す**こともポイントです。例えば、自分はポルトガル料理を勧めたいけれど、相手は和食や中華をよく食べるという場合、

「『和食』か『中華』、少し変わったところで『ポルトガル料理』はどう？」

優先順位をつけて相手の思考をガイドする

	A	B	C
料理	本格イタリアン	イタリアバル	居酒屋
移動時間	10分	5分	1分

この要素を優先し →

提示する順番を変更

C	B	A
居酒屋	イタリアバル	本格イタリアン
1分	5分	10分

▼

相手は迷うことなく考えられる

と提示すると、ポルトガル料理に興味を持ってもらえる可能性があります。

逆にポルトガル料理から入ると、相手は「何それ？」と引っかかってしまいます。

これは、ビジネスシーンでもよくあることで、**自分が話したい順番で話し始めてしまう人**は、周りの人に伝わらない、上司から要素の意味を聞かれるなど、**話がなかなか前に進みません。**

相手の思考をガイドする際は、相手の興味・関心を踏まえた上で、**提示する要素に優先順位をつける話し方**をするようにしましょう。

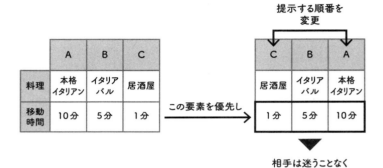

STEP 2-3

頭の中に共通のフレームワークがあると話が伝わる

優れたコンサルタントの頭の中

コンサルタントの話が分かりやすい理由は、会話の相手と**共通の思考の枠組み＝フレームワークを持って話すことを意識している**からです。

このステップの最後に、「コンサルタントが共通のフレームワークをどのようにつくっているのか？」「それを使ってどのように話を整理しているのか？」「フレームワークをどのように増やしているのか？」などについて見ていき、会話をしている時の優れたコンサルタントの頭の中を皆さんにお見せしようと思います。

共通のフレームワークがないと、コミュニケーションに支障が出る

会話をする際に「共通のフレームワーク」がないと、どのようになるのでしょうか？

例えば、夕飯にカレーをつくる際、子どもが手伝う場面を見てみましょう。

母「冷蔵庫にお肉が入っていると思うから取ってきて」
子「あれ？　お肉どこにあるの？」
母「たしか、中段の奥に入れたような気がするわ」
子「えー、入ってないよ」

母「じゃあ、野菜室に入れたかもしれないから見てみて」
子「うーん、ないよ……」
母「ねぇ、探し方が下手なんじゃない？」
子「そんなこと言うなら、自分で確認しなよ！」
母「あれ？　ホント、ないわ。買い忘れたのかしら？　スーパーで買ってきて」
子「やだよ！」

この親子は、共通のフレームワークがないため、お肉を探すのにひと苦労です。せっかく子どもは母親を助けようと手伝っているのに、これではお互い**ストレスが溜まる**だけでなく、**時間を無駄**にしてしまいます。

このように「共通の思考の枠組み」がないと、「やりたいこと」を実現できないだけでなく、実現に向けた手助けすら困難になるのです。

共通のフレームワークを持つと、お互いに話を整理しながら会話できる

整理が上手な人は、自分なりのフレームワークを持っています。例えば、冷蔵庫の整理が上手い人は、「上段の右に納豆、左に卵、中段に作り置き料理、下段の右に肉、左に……」と食材のジャンル別に使用頻度順などを考慮し、収納場所を決めています。

一方、整理が下手な人は冷蔵庫に場当たり的に適当にものを突っ込み、ぐちゃぐちゃな状態になっています。この両者の違いが「フレームワーク」の有無です。

フレームワークを持っている人は、子どもに肉を取ってもらう時に、「下段の右に肉が入っているから取って」と的確に指示できますが、持っていない人は「えーっと、どこだったかな？　確か下のほうに入れたと思うけど……」と相手に的確に指示を出せません。

共通のフレームワークを持ったコミュニケーション

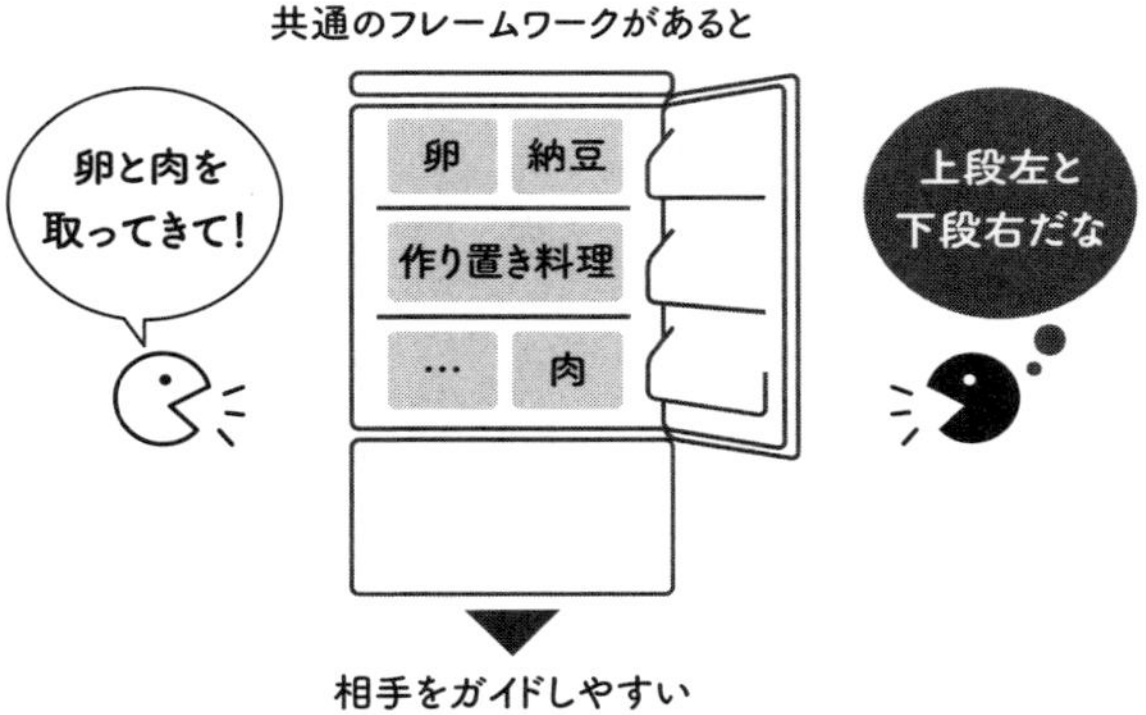

「フレームワーク」がない＝散らかりやすい状態の問題はこれだけでなく、何かをしようと思った時に探すのに苦労する、足りないものが出てくるといったことが起こり、結局「できない」となることがあります。

例えば、「すき焼きをつくりたい」と思ったとすると、フレームワークのある人は冷蔵庫の中を思い出して「卵は左上、豆腐と白滝は中段、肉は右下……」と必要なものを順番に取り出せますが、フレームワークのない人は冷蔵庫の中を見ながら、「卵、あった！　えっと肉は……、この奥か。豆腐は……。あれ？　ない！……。買いに行くのが面倒だから野菜炒めにするか」とすき焼きを諦めることになります。

思考も同様で、フレームワークを持っている人は「やりたいこと」に対して「この要素と、この要素を考える必要があって、この要素の箱にはこのアイデアを入れておこう！」と頭の中の**決まった収納場所に情報を入れておく**ことができます。

また、自分の考えを誰かに伝える際には、**フレームワークを意識し、優先度の高い要素から順序よく抜け漏れなく話す**こともできます。

共通のフレームワークを持って話すことの最大のメリット

共通のフレームワークを持って話すことの最大のメリットは、**行動に向けて相手の思考を先へ進められる＝思考の解像度を上げられる**点にあります。

以前、大学サークルのミーティングに参加した時のことです。

「週末、海へのドライブを考えているんだけど、誰を誘う?」

「AさんとBさんは?」

「だったら、仲のいいCさんもどう?」

「EさんとFさんにも声をかけたほうが良くない?」

とドライブへ行く人(Who)について話し合っていました。


そこだけ話していてもドライブが決まらないと思った私は、

「いつ(When)、どのような方法(How)で行くかも話さない?」

と「5W1H」のフレームワークを使って、抜けている要素を提示しました。


結局、親の四人乗りセダンを借りる(How)ことになりましたが、決まった日しか使えないことが分かり、予定の合う四人に絞ってドライブすることにしました。

このように、**共通のフレームワークを持ちながら会話を進めると、行動するために必要な要素を抜け漏れなく適切な順番で整理する**ことができます。

共通のフレームワークを使ったコミュニケーションが求められる時代

冷蔵庫であれば目で情報を確認できますが、**頭の中で考える仕事＝知識労働の世界では相手の頭の中を目で捉えることはできません。**

従って、知識労働の世界で協力して何か新しいことを生み出すためには、共通のフレームワークを持つことは必須です。

残念ながら、日本の教育では共通のフレームワークを使ったコミュニケーションを教わる機会はほぼありません。一方で、小さい頃から問題や試験に取り組む日本では、問題に対して答えを出すコミュニケーションに慣れ親しんでいます。

その結果、問題に対して答えが決まっている仕事、つまり「ルーティンワーク」は得意ですが、新しい価値を生み出す「価値創造」を苦手とする人が多いです。

日本では、ルーティンワークが機械や外国人、ＡＩに取って代わられていき、新たな価値を生み出す仕事ができなければ、生き抜いていくことが難しい時代に入りました。

だからこそ、**「共通のフレームワーク」を使ったコミュニケーションに慣れる必要があります。**

しかし、日本人全員が慣れるには相当の時間と労力がかかるため、「共通のフレームワーク」を使って相手の思考の解像度を上げ、成果へ導けるコミュニケーション能力を持つ人、知識労働時代の「マネジメント役」がますます重要になります。優れたコンサルタントは、その能力を高めるために日々研鑽を積んでいます。

フレームワークの引き出しを増やすコツ

フレームワークを増やす方法は、大きく2つあります。

ひとつは、**ネットやビジネス書などからフレームワークを吸収する**方法です。

日常をフレームワークのメガネを通して見る

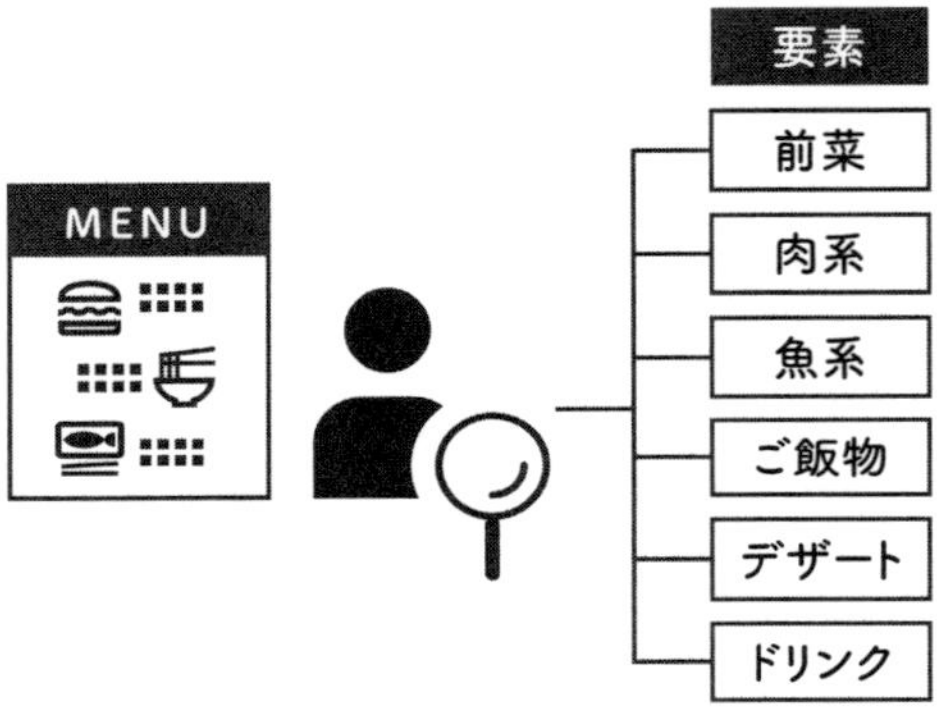

代表的なフレームワークに、

・「事業を伸ばす」→アンゾフの成長マトリクス
・「商品を販売する」→マーケティングの4P
・「商品に付加価値をつける」→バリューチェーン

といったものがあります。詳しくは他書に譲りますが、興味のある方は色々調べてもらえたらと思います。

もうひとつの方法は、**日常を「フレームワークのメガネ」を通して見る**ことです。

例えば、居酒屋でメニューを見たら、

「前菜、肉系、魚系、ご飯物、デザート、ドリンクから構成されているな」とフレームワークで捉える習慣をつけます。

多くの人は、一つひとつの料理に目を奪われ「どれにしよう？」「これ美味しそう！」となってしまいがちですが、フレームワークを増やすにはメニューの全体構成をつかむことに意識を向けます。

これを様々な店でしていると、メニューの**フレームワークの引き出しを増やす**ことができます。そして、新しく飲食店を出店する人のメニューの解像度を上げる場面に遭遇したら、**自分の引き出しからそれに近いフレームワークを持ち出し、相手に提示することでコミュニケーションの土台**をつくれます。

これは仕事でも同様で、例えば新商品開発を経験したら、

「企画→製造→販売→顧客検証→活動改善」

とプロセスをフレームワーク化します。

自分が経験した仕事をやりっぱなしで終わらせずフレームワーク化しておくと、

類似ケースの相手に即座に対応できるようになります。
経験したことをフレームワークのメガネを通して見ることで、引き出しを増やすことができるのです。

くれぐれも「仕事が終わってよかった！　一杯飲んでさっぱり忘れよう」とならないようにご注意を。

フレームワークの上手い提示の仕方

ある会社の会議に参加した時のこと。
ある業務がフレームワークで整理されていましたが、その会社特有の単語や言い回しが多く、初めて聞いた私の頭にはフレームワークが全く入ってきませんでした。

フレームワークは、相手と共通のコミュニケーションの土台であり、いくら整理が上手でも相手と共有できなければ使い物になりません。

別の会社では、書類を入れるキャビネットに「A-1、A-2、B-1、……」と番号が振られていました。その意味を聞くと、「Aは社内資料で部門別に採番していて、B以降は顧客別にルールを決めて採番している」と言われました。

私は、「それなら、番号の説明を表示すれば誰でも分かるようになりませんか？」と言うと、「ですが、以前からこのような方法で管理しています」という答えが返ってきました。

フレームワークを相手に提示する際には、**こちら側の言い方やルールを一度リセットして、相手が理解できるように言い換える**必要があります。

それには、**相手が普段接したことのあるフレームワークや表現を推測し、それに合わせるように、ストックしたフレームワークの表現を変換**します。

例えば、「5W1H」のフレームワークを知らない相手と話す時には、「いつ、どこで、誰が、何を、どのような方法で、何のためにするのか」と、相手が知っている（であろう）言葉に置き換えて伝えるイメージです。

この感覚を身につけるには、色々な相手にフレームワークを当ててみて、**相手の反応を見ながらフレームワークを伝える工夫を重ねる**ことです。最も学びになるのは、**子どもに当ててみる**ことです。

知識や経験のない子どもでもイメージできるようなら、そのフレームワークは誰とでも共有できるものになっているはずです。

相手にフレームワークを提示する際には、相手の記憶の引き出しにありそうな表現を使うようにしましょう。特に、相手の記憶の引き出しにない言葉や概念、例えば「カタカナ言葉」や「専門用語」を使うのはなるべく避けるようにしましょう。

未知のフレームワークを一緒につくる方法

フレームワークの引き出しにストックがない場合はどうすればいいのでしょうか？

ある農家の生産性を上げるプロジェクトを支援した時のことです。

私は農業のことは全く分からず、過去に農家を支援した経験もなく、作物をつくるプロセスのフレームワークはストックしていませんでした。

そこで、自分が**知っている限りの要素を出して、**

「作物をつくるには、種を蒔いて、水をやって、収穫すると思うのですが、**それ以外に必要な要素はありますか？**」

と農家に聞きました。

すると、

「まず、土を耕して整えることから始めます。次に肥料をまいて、種を蒔き、雑草が生えてくるのでそれを取って、害虫を駆除して……」

と、私が知らない要素を教えてくれました。

こうして、作物をつくる作業プロセスのフレームワークを完成させることができました。

どんなに優れたコンサルタントでも、世の中の全てのフレームワークを持っている人はいません。ストックのない相手に出会った時には、まず**知っている限りの要素を提示した上で、抜け漏れのある要素を相手から引き出す**ことで、一緒にフレームワークを完成させます。

これができると、相手が誰であろうとも即座に思考の枠組みをシェアして、次の具体化のステップへ進めるようになります。

ここでステップ2の話は終わりますが、考える要素の全体像が見えていない相手に出会ったら、ここで紹介した考え方とテクニックを使って、相手の思考の解像度を引き上げるようにしましょう。

フレームワークを一緒につくる

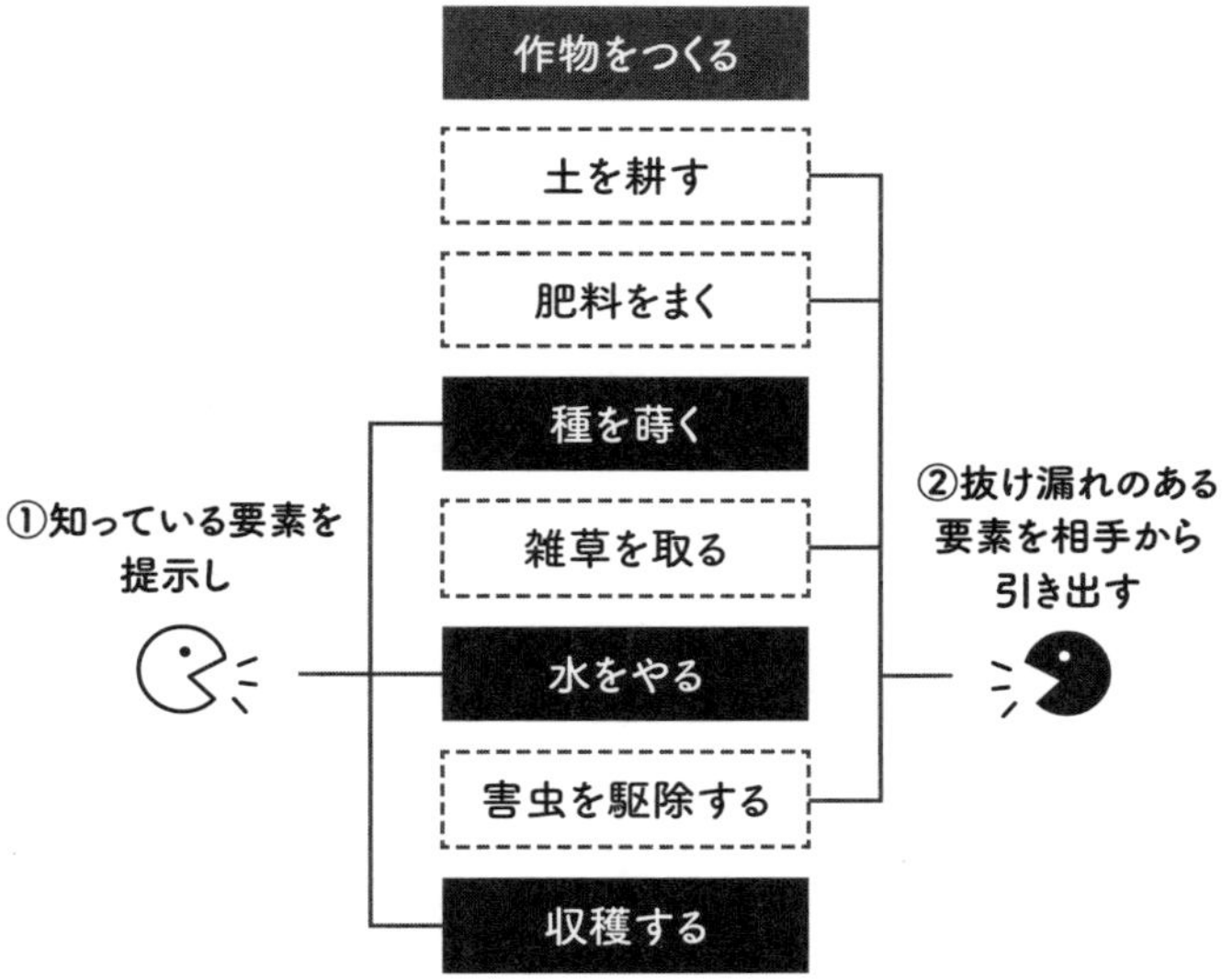

ステップ3の段階では、相手の頭脳は「やりたいこと」の全体像は見えていても、それを実現するために考える要素の具体化ができていない状態です。

例えば、「来週、提案書を提出します」と言った部下に「具体的にはいつ?」と聞いても答えられないケースです。

この状態で、「いつまでに出すんだ!」「早くしろ」と問い詰めると、相手の思考は止まってしまいます。そこで、相手が「やりたいこと」を行動レベルまで具体化するのを支援します。

相手の思考の解像度を上げる

STEP 3

「やりたいこと」を具体化する話し方

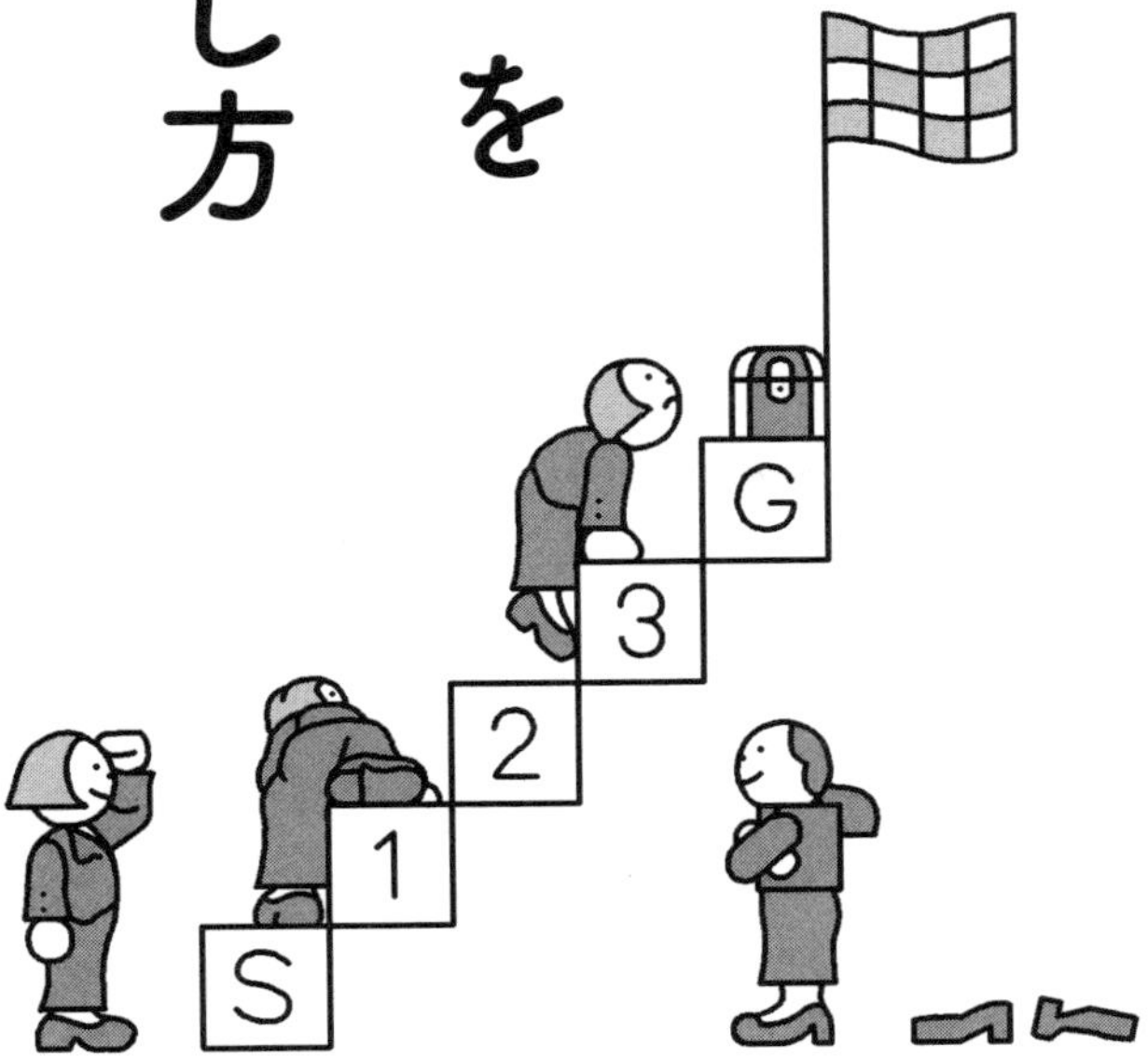

STEP 3-1

相手が動けないのは言語化が浅い証拠

「耳当たりのいい表現」が思考を止める

私が新人だった頃、ある企業の経営会議用のレポートをつくっていました。営業に無駄な作業が多く、それを報告するために「営業の効率化」と書きました。

すると、そのレポートをチェックした先輩のコンサルタントは、

「営業の効率化とは、『誰』が『どの業務』を『どれくらい削減』す

ることですか？」

と私に聞きました。

「まだそこまでは考えられていません」と答えると、

「そこを具体化しないと、誰も動けないのではないでしょうか？」

と先輩に言われ、全くその通りだと思いました。

マスメディアでも「若い世代の負担増」や「世界情勢が不安定」といった表現を見かけ、分かったような気にはなりますが、具体的なことは何ひとつ言っていません。

このような**「耳当たりのいい表現」は、上手に言語化できているように思えますが、実は行動レベルまでの具体化には達していないのです。なので相手はいつまでたっても動くことはできません。**

「固有名詞」「動詞」「数字」まで具体化すると人は動ける

私は「営業の効率化」を進めようと思い、フレームワークの要素を、

・誰が
・どの業務を
・いつまでに
・どのような方法で
・どのくらい削減し
・いつから
・どれだけの効果が見込めるか
と整理してから調査しました。
その結果、
・**部長のXさん、Yさん、Zさん**が
・会社で行う**稟議《りんぎ》のチェック**を
・**3月末**（今期）までに
・**A社システム**を使いインターネット上で行えるようにすると
・会社に戻る時間を**月50時間削減**でき
・**4月**（来期）から
・事業部の**戦略を練る時間**を捻出できる

相手の「やりたいこと」を具体化する

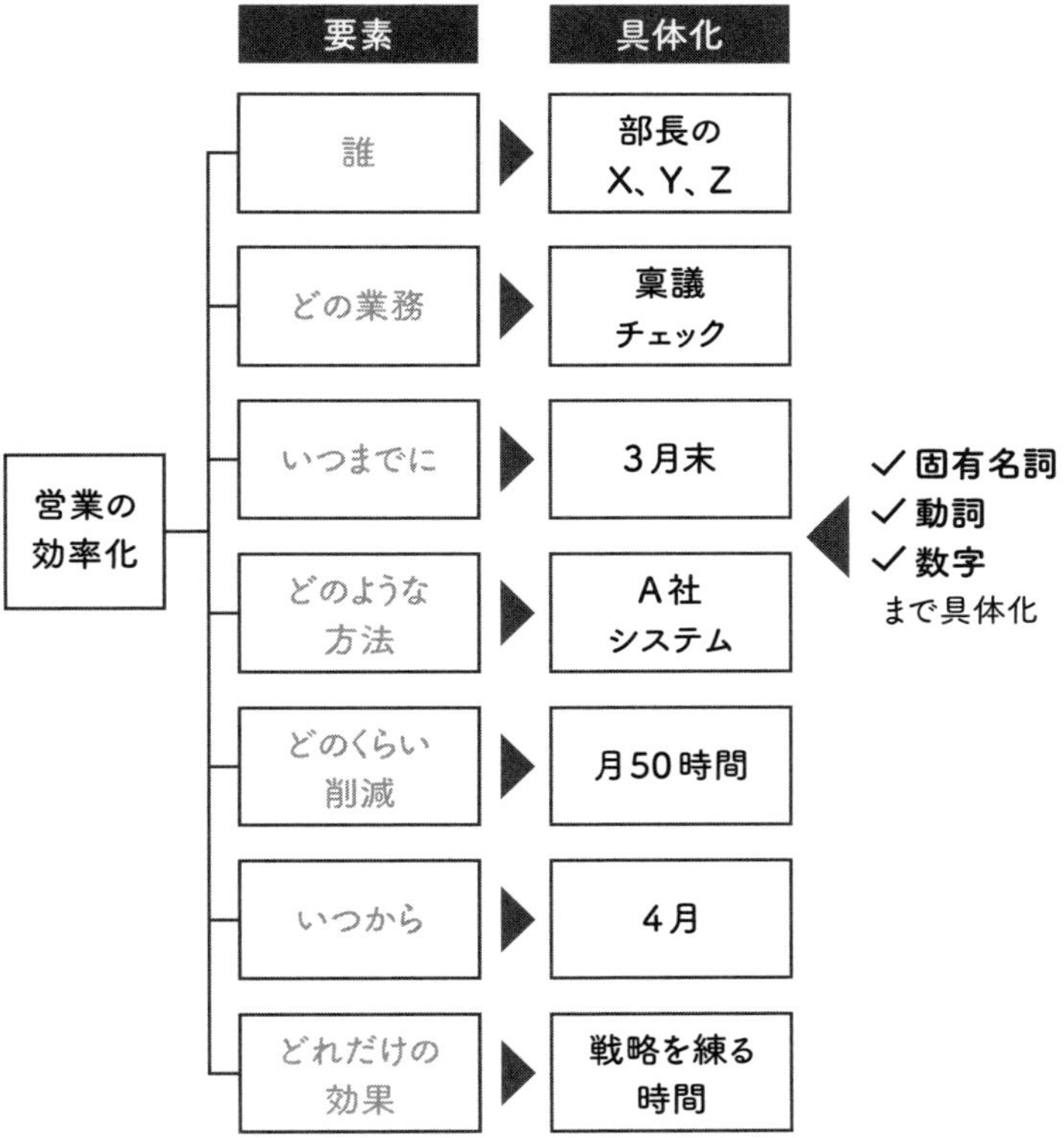

ということが分かりました。
そこで、A社のシステムを導入したところ、稟議のチェックのために会社に戻る部長はいなくなり、「忙しくてムリ」と出してもらえなかった事業部の戦略が出てくるようになりました。

このように、**考える要素を「固有名詞」「動詞」「数字」まで具体化することで、相手は頭の中に動いているイメージを持てる**ようになります。すると、細かい指示をしなくても相手は自発的に動き出し、行動した結果の共有や、問題解決に向けた相談ができるようになるでしょう。

STEP 3-2

相手が考えやすい順番で具体化する

「説明する話し方」VS「引き出す話し方」

あるカーディーラーで、客が車を見ていると、若い販売員が話しかけてきました。

「この車は車内が広くて収納性が高く、最新鋭のエンジンを搭載していますが、価格は……」

と車の説明を始めました。客は最初頷いて聞いていましたが、販売員の説明が長く、車好きしか興味を持てないような内容もあって、話の途中で飽きてしまい、

「ちょっと考えます」

と言って、店から出て行ってしまいました。

別のカーディーラーでは、ベテランの販売員が笑顔で、

「お客様、車のタイプや価格はお決まりですか？」

と車を買う時のフレームワークの中から、顧客にとって優先度の高い要素を提示しました。

すると、

「スポーツタイプで400万円くらいの車を考えています」

と答えました。

ベテラン販売員は、顧客の希望に近い車を提示し、

「ご希望の色はございますか？」

「**シルバーが好き**です」

というように、その後も、車のオプションや駐車場の広さなどの**具体的な情報を引き出していきました。そうして顧客の購入意欲が高まるような順番で話をすることで、一切押し売りすることなく車の購入を決めさせ**ました。

「提案」を重ねて具体化を支援する

別の客がベテラン販売員に、

「車を買った後の『メンテナンス』はどうしたらいいでしょう？」

と質問しました。

客は屋外駐車場で車の汚れを気にしていましたが、ベテラン販売員は、

「週に1回拭くといいですが、面倒ならX社のコーティングがおすすめです」

と、**マメな人向けと面倒に感じる人向けのメンテナンス方法を提案**すると、

「面倒なのでコーティングがいいです」

と客が言いました。

このように、フレームワークのある要素について相手が具体化できない場合には、固有名詞、動詞、数字になるまでガイドします。**相手の代わりに具体化を手伝う話し方＝提案**をすることで、若い販売員のように、**相手が具体化を必要と思っていない要素をムリに提案してしまうと、相手は押し売りされたように感じ**てしまい、距離を置こうとします。また、御用聞き営業のように**「何が欲しいですか？」と聞き続けるのもNG**です。

相手にフレームワークを提示し、優先度の高い要素から順に具体的な考えを引き出していき、具体化しづらい要素はこちらから提案することで、**相手に「自分で考え、自分で見つけられた」という感覚を持たせる**ことがポイントです。全ての要素について答えを言ってしまうと、やらされ感が出るので注意しましょう。

「やりたいこと」を具体化するための情報を引き出す

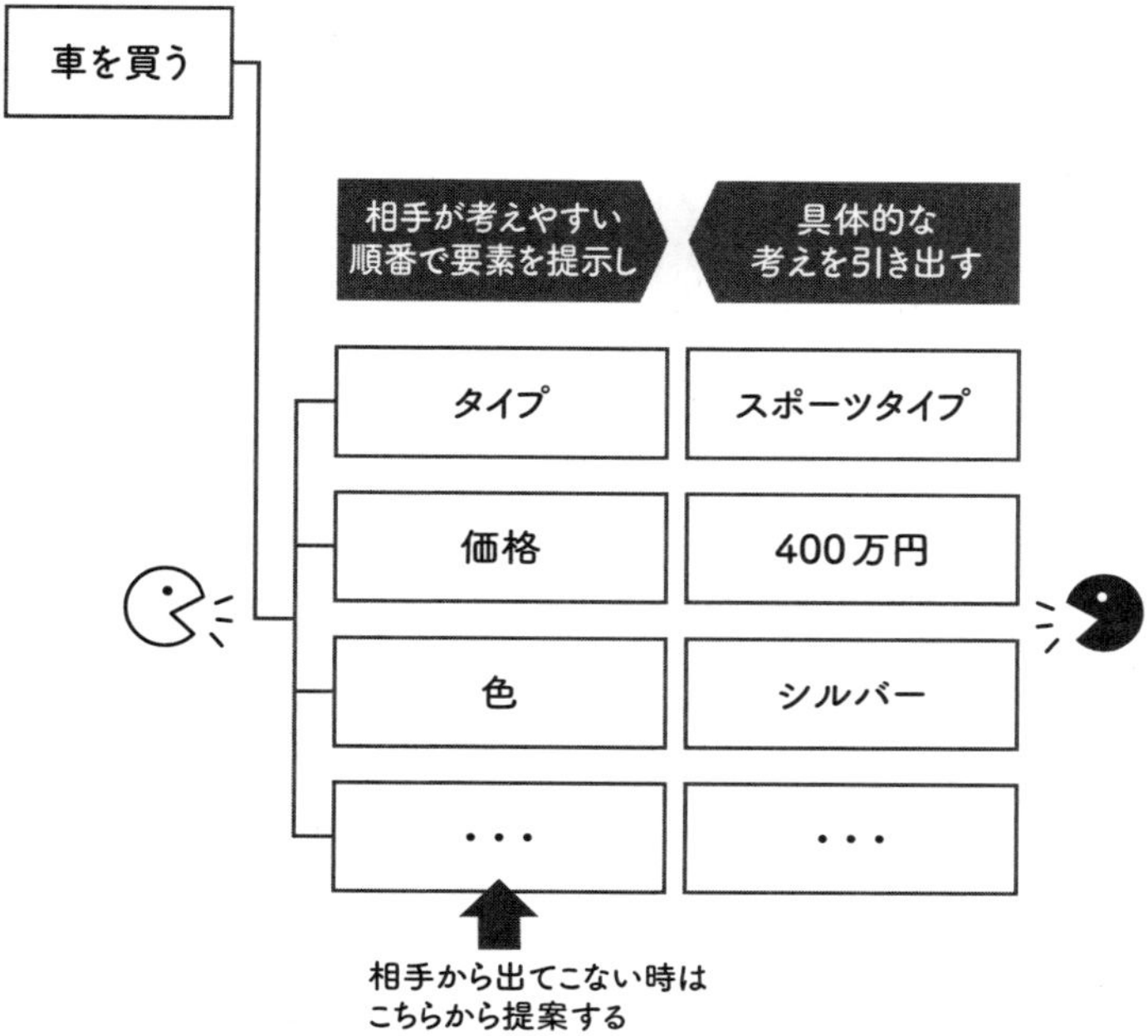

STEP3 テクニック①

「推測」でイメージを具体化する

「もしかすると～ではありませんか？」で記憶を引き出す

110ページで紹介されていた保育園は、子どもの能力を伸ばすことで有名な園でした。

子どもが家族旅行の絵を描いていると、そばにいた保育士が、

「もしかすると、山を描いているのかな？」

と言うと、園児は「うん」と答えました。

すると保育士は、

「もしかすると、何かお花を見なかった？」

と聞くと、園児は「見た！」と言って描き始めました。

その絵を見た保育士は、

「もしかすると、それは桜かしら？」

と続けます。

このようなやりとりが続き、最初はボンヤリした山の絵から、桜の木々や鳥、家族の山登りの様子などが描かれて、具体的な情景が浮かび上がりました。

保育士は、**園児の描いた絵から「山」↓「花」↓「桜」と推測を続けながら、園児に「もしかすると～ではありませんか？」と確認する**ことで、園児の頭の中にある記憶を引き出していきました。

推測を使った具体化は、**相手のアウトプットを見聞きしたら、自分の記憶の引き出しにアクセスして、近いものを提示する話し方**をすることがポイントです。

時には間違えることも大事

ある製菓メーカーで新商品を開発していた時のことです。パッケージデザインの話になり、デザイナーが

「小さくて持ち運びできるジッパー付きのパッケージがいいと思います」

と言いました。

それを聞いた他のメンバーが、

「それって、具体的にはA社の●●商品のようなイメージ？」

と推測すると、

「うーん、ちょっと違うなぁ……。もっとマチ（袋の幅）があって……」

このように、イメージはズレていましたが、何度かやりとりが続きました。

少し考えた後、デザイナーはひらめいたように、

「そうだ、X社の▲▲商品のパッケージに近いです！」

と言いました。

他のメンバーがデザイナーの頭の中にあるイメージを推測し、様々なパッケージを提示してくれたおかげで、デザイナーは自らがイメージしているパッケージを具体化するところまで辿り着くことができました。


推測が違ったとしても、**相手にとっては「Yes」or「No」を判断するキッカケとなり、それを続けていくことで自らの力で「Yes」に辿り着けます。**

このように、**相手が具体化に困っている時には「間違ったら恥ずかしい」と思わず、どんどん自分の推測を話す**ようにしましょう。

STEP3 テクニック②

「例示」でアイデアを具体化する

「例えば〜はどうでしょう?」は具体化のキッカケ

先ほどの製菓メーカーで、商品名を考える会議をしていた時のことです。様々なネーミングが出ましたが、どれも決定打に欠けていました。

その時、あるコピーライターが、

「例えば『●●のしずく』というネーミングはどうでしょう?」

と言いました。

すると、会議参加者からの、

「『しずく』より『めぐみ』のほうがイメージに近いですが、どうでしょう?」

という意見に続いて、

「『めぐみ』の前に『(地名の)▲▲』と入れてはどうでしょう?」

とアイデアが次々に出てきました。

このコピーライターは、「例えば」という言葉を添えて相手がアイデアを言いやすい雰囲気をつくり、「〜はどうでしょう?」と例示し、具体化のキッカケをつくりました。

「これしかない!」や「これじゃないとダメ」と言いがちな人は、**「例えば〜はどうでしょう?」構文を使い、相手から考えを引き出す**ようにしましょう。

「より面白くする」がポイント

ある大学生と、食品メーカー向けの商品企画を考えていた時のことです。

その学生はお好み焼きが大好きで、

「手軽に持ち運べる**お好み焼き**をつくりたいです」

と言いました。

他の学生が、

「例えば、**『お好み焼きスナック』**はどうですか？」

と例示すると、

「『お好み焼きスナック』は面白いですね！」

と言いました。

また他の学生から、

「例えば、**『お好み焼き版うまい棒』**みたいなのはどうでしょう？」

とより具体的なアイデアが出ると、
「面白い！　それ、つくりたいです！」
と言いました。

例示を使って具体化する方向としては、相手の**「面白い」を引き出すことがポイント**です。

この例では「お好み焼き」を**キーワードに**、「スナック」という**言葉を足す**、「うまい棒」と**言い換える**、そのほかには**言葉を逆転させる**、**違う単語に置き換える**などのテクニックを使い、具体化で**より面白くする話し方**をするようにしましょう。

STEP3 テクニック③

「分解」でタスクを具体化する

分解の基本は「5W1H」

ある建設会社で大きな仕事を受注することになりましたが、社長は人材採用に悩んでいました。

「早く人を雇いたいですが、私も現場に出ていて考える時間がありません」

と相談されたので、私は、

「具体的に、いつまでに、どのような人が、何人くらい必要でしょうか？」

と聞くと、

「大きな仕事が入る**半年後までに、現場監督**が**最低一人**は必要です」

と答えました。

私が続けて、

「行く現場の**場所**はどこですか？」「月に**いくら**の給料を払えそうですか」

と質問すると、

「千葉の木更津市で、**月50万円前後**なら……」

と社長は答えました。そのような人が周りにいるかと聞くと、社長は知り合いを思い出してすぐに電話しました。後日、その知人を採用できたそうです。

相手が忙しくて考える時間がない時などは、**「5W1H」を使って分解することで相手は考えを具体化しやすく**なります。

曖昧な表現は「数字」に落とす

従業員30人の運送会社の社長から、業務改善の相談を受けた時のことです。

「社員の残業が**多く**て困っています」

と言いました。その理由を尋ねると、

「長距離輸送が**増えて**いて、荷物の出し入れにも**時間がかかって**います」

と言いました。

私は曖昧なところを具体化しようとして、

「**何人**の社員が、**何時間**ほど残業しているのでしょうか？　また、長距離輸送とは**何キロ**くらいで、荷物の出し入れにかかる時間は**何分**程度ですか？」

と聞きました。社長は私の質問に一つひとつ数字で答えていくと、ある顧客の業務に集中していることに気づいて、

「分解」を使って具体化する

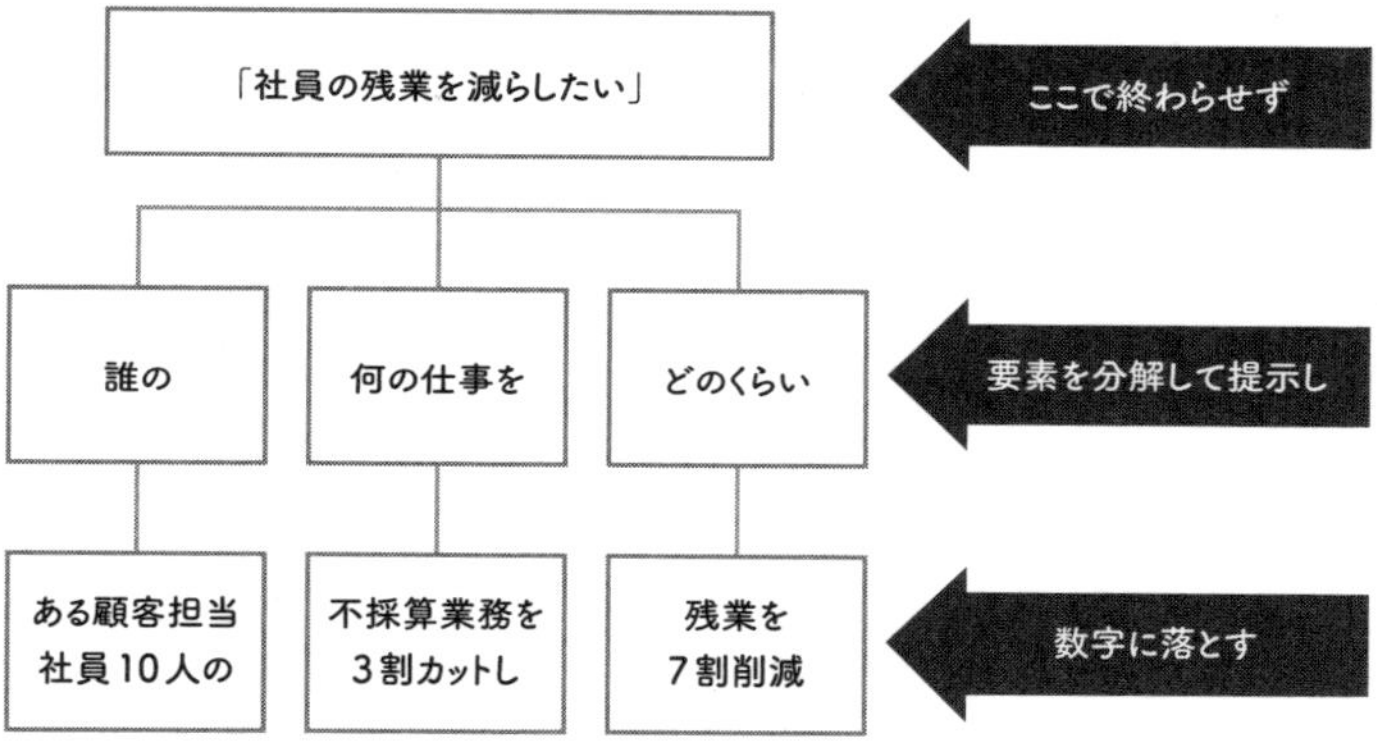

「その顧客の不採算業務を**3割カット**すれば、**10人**の社員の残業は**7割削減**できる」

という結論に到達できました。

「多い・少ない」「増えている・減っている」「難しい・簡単」といった言葉は、状態を表す上では使いやすい言葉ですが、**具体化を止めてしまうデメリット**があります。

このような**曖昧な表現に遭遇したら、「数字」に落とす話し方**を心がけましょう。

STEP3 テクニック④

「仮定」でゴールまでの道のりを具体化する

「仮に〜できるとしたら?」でブレークスルーポイントを引き出す

マラソン選手の知人から「自己ベストが伸び悩んでいる」と相談を受けました。

「練習しているけれど、どうしても**2時間10分の壁が切れなくて……**」

と言うので、私は、

「**仮に**2時間10分の**壁が切れているなら、何ができている**と思う?」

と知人に聞きました。すると、

「35キロまで自分のペースを保てれば、壁を越えられると思う」

と答えたので次に、

「**仮に**35キロまで自分の**ペースを保てるなら、何ができている**と思う?」

と聞くと、

「周囲の選手のペースに引っ張られないように気持ちを保つこと」

と言いました。

理由を聞いてみると、マラソンの出だしが遅く、いつも先頭のペースに巻き込まれてしまい、35キロ地点でバテて失速しているそうです。

そこで私が、

「試しに次の大会は、35キロまで自分のペースで走ってみてはどう?」

と提案すると、「そうしてみる!」と笑顔で答えました。

大会終了後、「2時間9分台で優勝したよ!」とメールがありました。

人は「できない」「難しい」と考えるところからスタートすると、できない理由を探してしまい、**「できるようになる」ための具体化を諦めて**しまいます。

そういう時には、**「仮に〜できるとしたら？」と仮定し、相手からブレークスルーのポイントを引き出す話し方**をしましょう。

相手の思考を具体化するための「仮定」の問いかけには、有効なものが3つあります。それぞれ見ていきましょう。

「仮に〜しかできないとしたら？」でやるべきことを絞り込む

マラソン選手の知人から、別の選手を紹介され、次のような会話をしました。

「私も2時間10分の壁を切れないで悩んでいます」

「仮に2時間10分の壁を切れているとするなら、何ができていると思いますか？」

「月1000キロ走り、毎日1時間筋トレ、タンパク質中心の食事と、メンタル強化に……」

と様々な取り組みを話していたのですが、私は「本当に全部できるの？」と疑問に思い、

「**仮に**、その中で**ひとつしかできない**としたら、どれが最も有効ですか？」

と聞きました。

すると、その選手は少し考え込んで、

「私は体調を崩しやすくて、試合前の体調管理が課題だと思います」

と答えました。

「仮に〜置いて」で思考を先へ進める

私はその選手に、

「**いつまでに**2時間10分の壁を越えたいですか？」

と聞くと、

「1年くらいの間には……」

と言いました。

私は「分解（191ページ図）」を使って、

「1年くらいとは、半年、1年、1年半のうち、具体的にはどのあたりでしょう？」

と聞くと、

「**半年から1年の間**に達成できたらいいです……」

と答えました。

私は残りの選手生命を考えて、「できれば半年で達成したいだろう」と推測し、

「**仮に**半年を目標に**置いて**、体調管理をしていきませんか？」

と提案すると、

「できるかどうか分かりませんが、やってみたいです！」

と答えました。

「逆算すると〜」で一歩を踏み出せる状態をつくる

その選手は、元々の基礎体温が低く、風邪をひきやすい体質でした。基礎体温を上げて免疫力を高めるために、

・筋肉量を増やす

の要素に絞り、目標を次のように決めました。

「**半年**で筋肉量を**10％**上げる」

その選手と一緒に筋肉量を上げるトレーニングを考え、

・スクワット50回×10セット

と目標を定めました。

しかし、当時50回×4セットまでが限界で、選手は、

「いつになったら10セットできるのだろうか？」

と考え込んでしまいました。

このような時は、逆算で行動を分解すると行動しやすくなると思った私は、

「6ヶ月後の目標から**逆算すると**、こんなメニューはどうでしょう？」

と言い、ノートに書き出しました。

・6ヶ月後：50回×10セット

・5ヶ月後：50回×9セット＋20回×5セット

・4ヶ月後：50回×8セット＋20回×5セット

・3ヶ月後：50回×7セット＋20回×5セット

・2ヶ月後：50回×6セット＋20回×5セット

・1ヶ月後：50回×5セット

「それならできそう」と言った選手は、メニューをこなし、6ヶ月後に目標を達成しました。筋肉量は増え、基礎体温は上がり、試合前に体調を崩すことはなくなり

ました。そして、自信を持って走った結果、2時間10分の壁を切りました。

人は理想を追うと、あれもこれも手を広げようとしますが、そのような相手には**「仮に〜しかできないとしたら?」と仮定し、具体化することを絞り込む話し方**をします。

また、人は自信がない要素を具体化する際、つい自分に甘くなり具体化の先送りや、具体化をうやむやにしがちですが、そのような時には**「仮に〜だとすると」と仮置きし、具体化を進める話し方**をしましょう。

そして、相手が現状と理想のギャップが大きいと感じる時には、**「逆算すると〜」と逆算で行動を分解する話し方**をすることで、相手が一歩踏み出せる状態をつくるようにしましょう。

ここでステップ3の話は終わりますが、考える要素の具体化につまずく相手に出会ったら、ここで紹介したテクニックを使って相手の思考の解像度を引き上げるようにしましょう。

相手の「やりたいこと」の言語化、全体像の整理、具体化まで行えば、相手の思考は「動ける状態」になります。

しかし、それだけでは相手の行動がその先にいる「誰か」の価値、つまり「成果」になるかどうか分かりません。

例えば、「提案書をつくりました」と言った部下に「これは誰にとってどんな価値になるのか？」と聞いてもハッキリ答えられないケースです。この状態で相手に動いてもらっても、相手は成果を上げることができません。

そこで、「やりたいこと」が誰の価値になっているかを確認し、相手の行動が成果につながるよう自ら気づかせ、行動を修正していきます。

STEP 4

「やりたいこと」を成果につなげる話し方

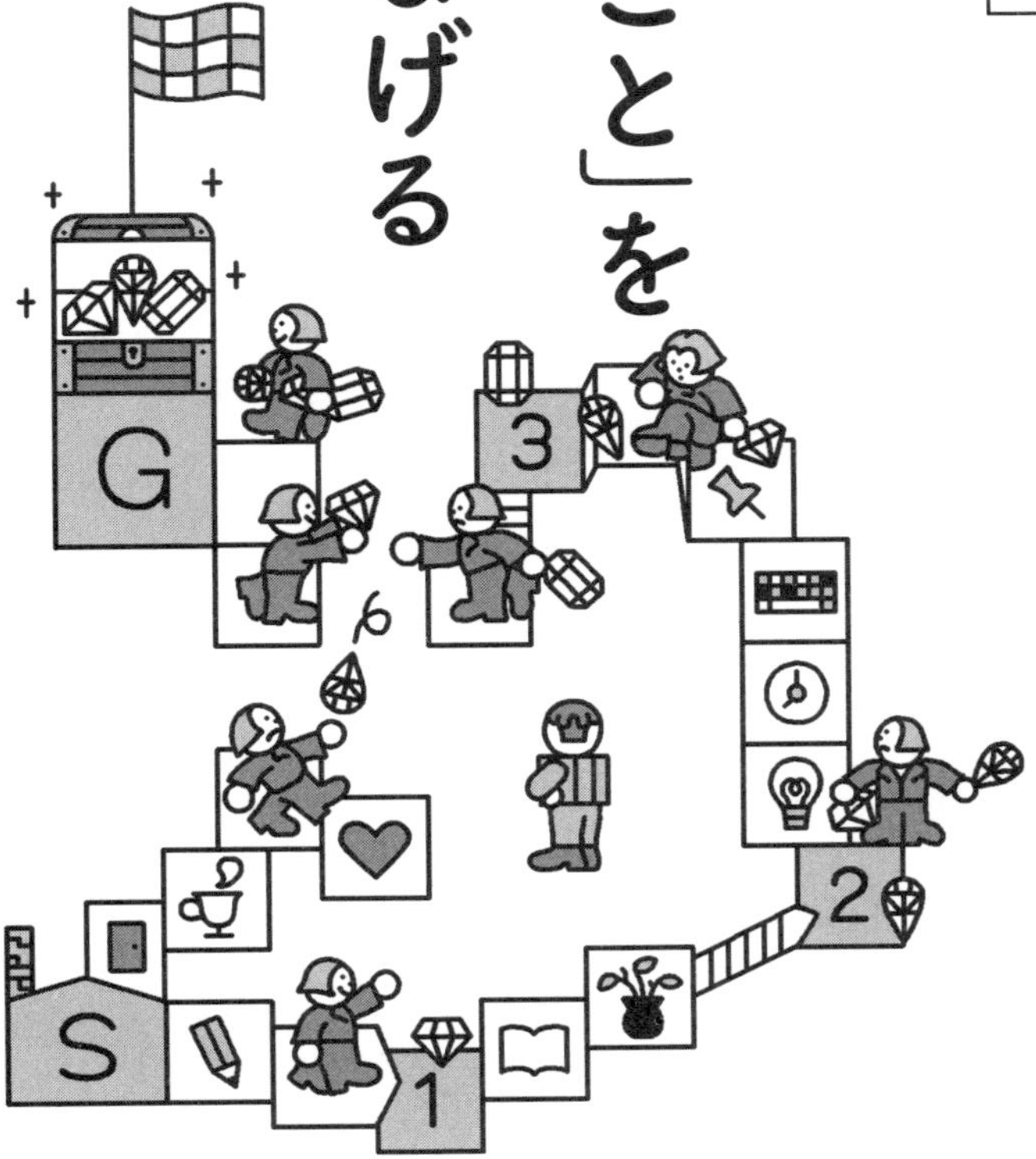

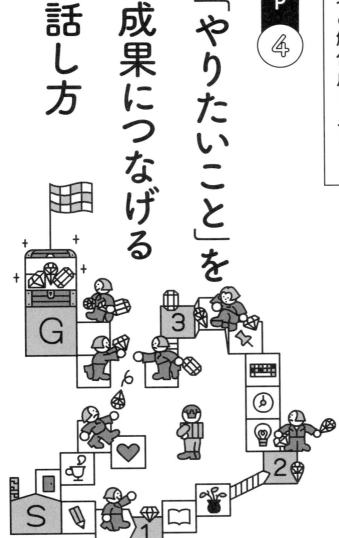

STEP 4-1

「相手に動いてもらう」がゴールじゃない

その行動は誰のためのもの？

クリスマスに彼女を喜ばせたいと思った男性がいました。

彼女が前に欲しいと言っていたネックレスを買って彼女に会いに行き、

「クリスマスプレゼントに、あのネックレスを買ってきたよ」

と言うと、彼女は「ありがとう」と言いました。しかし、彼には今日中に仕上げ

なければならない仕事があり、

「ゆっくりしたいけど、これから仕事に戻らないといけないんだ……」

と言うと、彼女は少し悲しそうな表情で、

「そうなの？　今日はゆっくり話せると思って楽しみにしていたのに……」

と言って二人は別れました。

数時間後、携帯に彼女からメッセージが入りました。

「やっぱり、あなたとはこの先一緒に過ごすのは難しいと思う」

結局、二人の仲は元に戻ることはありませんでした。

後日、彼女から例のネックレスが届き、手紙には**「私はネックレスではなく、あなたと将来のことについて話したかったの」**と書かれていました。

成果につながる行動とは何か

この話の教訓として、彼の「彼女にネックレスをプレゼントする」という行動は、

彼女にとっての価値になっていなかったということです。

本書で言う「成果につながる」とは、**「相手の行動がその先の誰かにとっての価値（対価を払ってもいいと思える行動）になっている」**ことを指します。

日々の場面においても、話し手の「やりたいこと」が聞き手の「求めるもの」とズレている場合には話を聞き入れてもらえないのと同じで、行動が誰かの「求めるもの」ではない場合、それは成果にはなりません。

行動を成果につなげるには、**その先にいる「誰か」の視点から「価値になる行動」になっているかどうかを確認**しましょう。

この例で言えば、彼が「ネックレスをプレゼントする」ことに対して、**「彼女は本当に感動するのか？」と問いかけ、彼女の視点から「価値に感じるポイント」を見つけ出し**ます。

そして、**彼女の価値になるような方向に行動を整えていくのです。**

相手の行動が「成果」につながっているか確認する

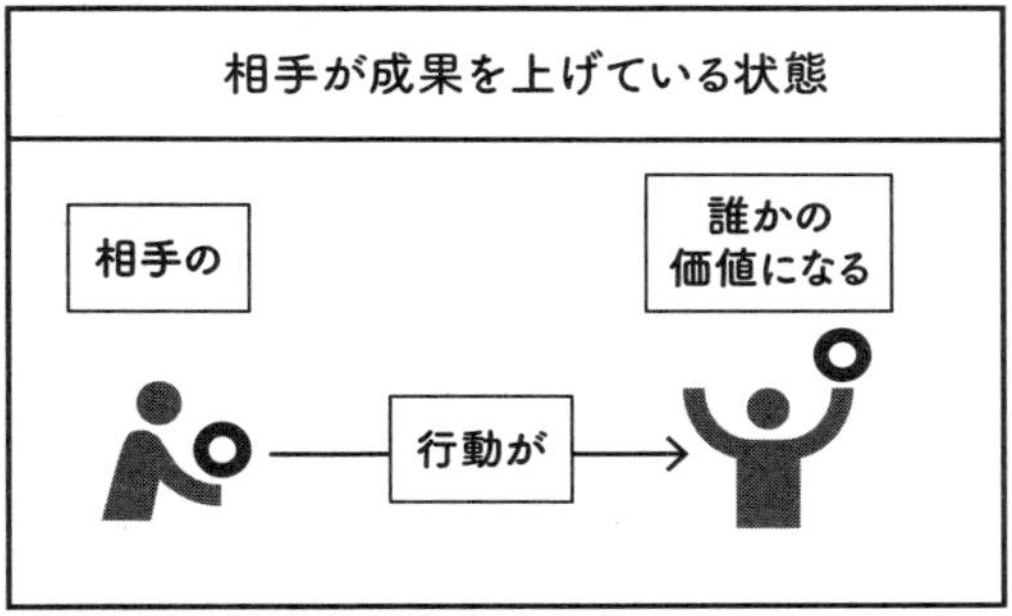

相手の行動の先にいる誰かの視点から相手の「やりたいこと」の価値をチェックすることで、誰かの価値になる行動に気づかせ、自ら修正することで、より自信を持って動ける状態をつくります。

それによって、「よし、やってみよう！」と自ら行動を起こそうとします。

STEP 4-2

「現状→理想→課題」の順に行動を見直し「誰かの価値」に整える

気持ちは嬉しいけど、「それじゃない……」

私の知人から、母親の誕生日プレゼントについて相談された時のことです。

「杖のプレゼントを提案したら、**気持ちは嬉しいけれど、いらない**と言われたの」

知人は困った様子でした。

杖自体に問題があるのかと思った私は、

「どんな杖を提案したの？　例えば杖の種類や機能、色とか……」

と杖の**要素**を聞くと、

「どんな道でも転ばない、先端が動く杖で、色はグレー、花柄で……」

と、**具体化はできて**いて、杖自体に問題はなさそうでした。

であれば、**杖が母親の価値になっていない**のではと思い私が、

「お母さんへ杖を**プレゼントしようと思った理由**は？」

と聞くと、歩く時に膝が痛むようで歩行の補助に杖を考えたそうです。

「で、お母さんが**いらないと言った理由**は聞いた？」

「うん、自分にはまだ杖は早いって……」

やはり、**杖のプレゼントが母親の価値になっていない**ようでした。

「行動の先にいる人の視点」から「やりたいこと」を見直す

「杖をプレゼントする」ことが、**母親の「課題解決」になっていない**と察した私は、母親の膝が痛む原因を聞きました。

すると知人は、

「医者に**運動不足だから毎日歩きなさい**と言われているの……」

と母親の現状について話し始めました。

私は、**母親視点から理想の状態（なりたい姿）**を次のように**推測**しました。

「お母さんは、**歩いても痛みがない程度に筋力を回復**させたいのでは？」

そして、そのことを知人に伝えると、

「そう！　医者からもそうアドバイスされたわ」

と、ハッとしたように言いました。

私はこれまでの知人との会話を、次のように整理しました。


【お母さんの思考状態】

（現状）「運動不足で毎日歩こうと思っている」

（課題）毎日歩く➡（解決方法）~~杖~~

（理想）「歩いても痛みがない程度に足の筋力を回復させる」


そして、私はこう言いました。

「杖は、お母さんが毎日歩くための解決方法になっていないのでは？」

と知人に聞くと、

「そう言えば、歩きたいけれど**ウォーキングシューズがない**と言っていたわ！」

と母親との会話を思い出しました。そこで私は、先ほどの図を書き換えました。

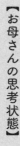

【お母さんの思考状態】

（現状）「運動不足で毎日歩こうと思っている」

（課題）毎日歩く↓（解決方法）ウォーキングシューズ

（理想）「歩いても痛みがない程度に足の筋力を回復させる」

私は、お母さんにとって**価値になる行動はウォーキングシューズをプレゼントすること**ではないかと提案しました。

すると知人はハッとして、

「そっか！　母は杖ではなく**ウォーキングシューズが欲しかった**んだ」

と母親のニーズに気がつきました。後日、知人からメールが届きました。

「母にウォーキングシューズをあげたら、喜んで毎日歩くようになったわ」

相手の「やりたいこと」を、行動の先にいる「誰かの価値」になるように整える

相手の「やりたいこと」を「誰かの価値」に整える

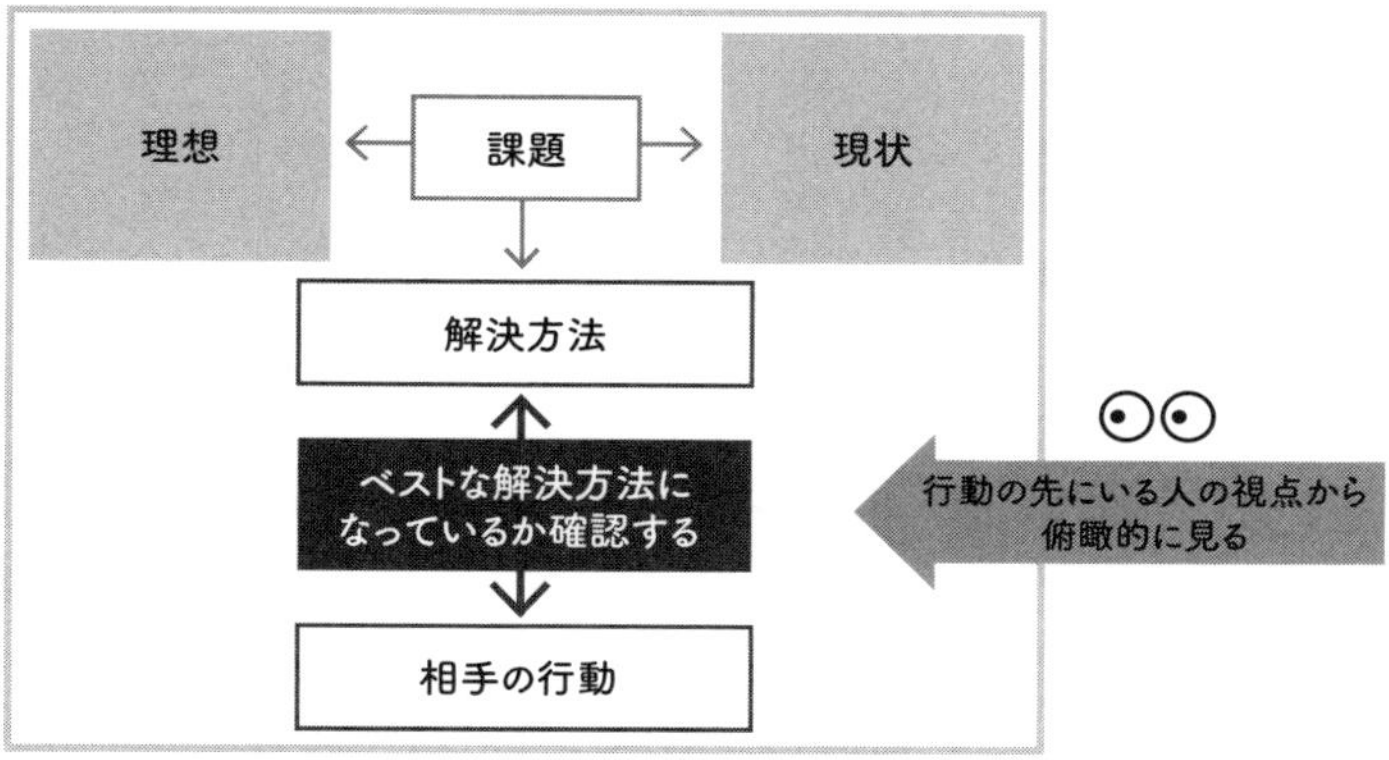

には、**誰かの視点に立って「現状」から「理想」を推測し、理想に近づくための「課題」をすり合わせながら、ベストな「解決方法」を見直し提案する話し方**が有効です。

「やりたいこと」が具体化できると安心してしまいがちですが、相手の行動を成果につなげるには「行動の先の誰かの価値になっているか？」と**一度立ち止まって問い直すこと**を忘れてはなりません。

「誰かの視点」から現状を推測する

「誰か」の「現在の思考状態」を推測する

ある会社の社長から、期待していた若手社員が成長せず困っていると相談を受けました。

「色々な機会を与えているのに、自ら率先してやろうとしません……」

と社長は悩みを打ち明けました。

私は、

「なぜ、率先してやろうとしないのでしょうか？」

と聞くと、

「多分、本人に経営者視点が足りていないのだと思います」

と答えました。


社長は、経営者視点を持ってもらいたいと思っていたようですが、**若手社員側の視点が欠けている**と感じた私は、

「機会が与えられている**意図を理解できていない**のではないでしょうか？」

と**若手社員側の思考状態を推測**しました。

すると社長は、

「たしかに、目的や役割を丁寧に説明していなかったかもしれません……」

と答えました。

「誰かの視点」に立ったフレームワークを使う

私は、若手社員が動けない原因（思考状態）について、**「マズローの欲求5段階説」**（263ページ）というフレームワークを使い、**「提供機会が自己成長になる**と理解できていない」と推測しました。

そして、次のような図を描いて社長に提案しました。

（現状）提供機会が自己成長になると理解できていない

←

（課題）提供機会の自分事化↓（解決方法）社長が意図を説明

（理想）提供機会が自己成長になると理解し、自ら率先して取り組む

「誰かの視点」から現状を推測する

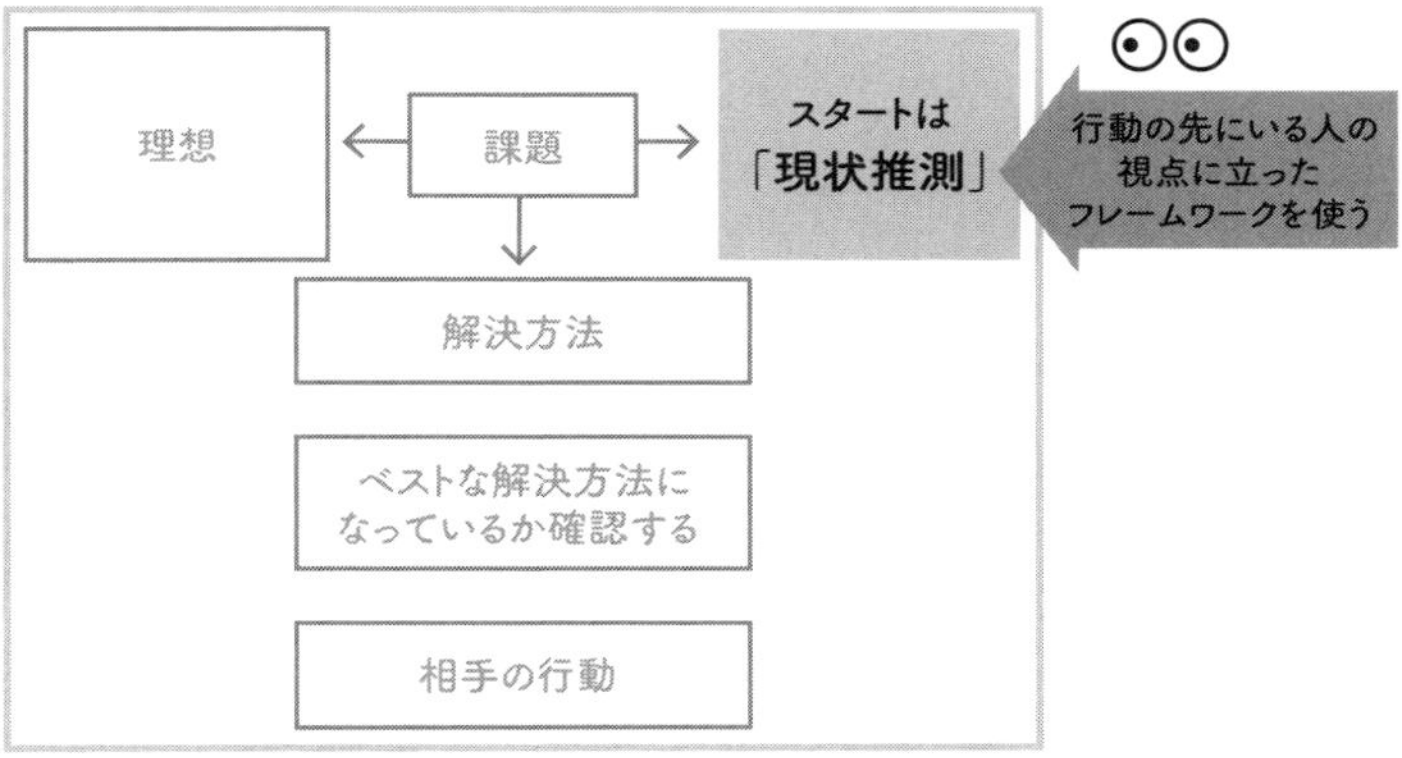

そして、「私が説明するシートをつくりましょうか？」と提案すると、社長は

「前々からキチンと説明せねばと思っていたので、よろしくお願いします！」

と言いました。後日社長から、

「社員に意図を伝えたところ、**逆に汲み取れていなかったことを謝られ**ました」

と電話がありました。

このように、**相手の行動の先にいる誰かの視点からフレームワークを広げることで、現在の思考状態を推測する話し方**ができるようになります。

「理想」から「行動」を絞り込む

当てずっぽうで理想をイメージする

あるＩＴ企業で、新サービスの立ち上げを支援していた時のことです。

開発担当者は私に、

「このサービスは、社内の経費精算を楽にするもので、Ａという機能で入力作業をＡＩで自動化し、Ｂという機能は社内承認をネット上で行えるようにします。そして、Cという機能は……」

と、様々な機能の説明をしてくれました。


私も大手企業に勤めていた時には、経費精算に悩まされていたので、同じように悩んでいるビジネスパーソンの現状はイメージができました。

しかし、このサービスを使った先にある理想の姿がイメージできなかったので、

「サービス利用者の理想状態はどのようなものでしょうか？」

と聞くと、担当者は言葉に詰まってしまいました。

私は自分の経験をもとに、

「**適当なことを言いますが、**自分の経験から1時間かかる経費精算が10分になったら理想だと思いますが、いかがでしょう？」

と**当てずっぽう**で言ってみると、

「まさに、そうなんです！　新入社員の『経費精算が10分で終わったらいいな』という意見が発端となって、サービス開発をすることになりました」

と開発担当者は答えました。

顧客の「理想」から「行動」を整える

「経費精算を10分で終わらせるために、**キーとなる機能**は何でしょうか？」と質問すると、開発担当者は悩んでしまいました。

私は、経費精算のフレームワークとして、

・経費データを集める
・ソフトウェアに入力し、内容をチェックする
・上長がデータをチェックし承認する
・会社から経費が振り込まれる

と作業工程を提示し、「どこに最も時間がかかると思いますか？」と問うと、「経費データ集めとソフトウェア入力です」と答えました。

このサービスはそれを解決するために、銀行やクレジットカードで使った経費デ

ータを、ソフトウェアがＡＩで自動仕訳し集計まで行う機能を提供していました。

「これがキーとなる機能、**顧客にとっての提供価値**ではないでしょうか？」

「はい、実はこれが一番顧客に喜ばれています」

「では、あれこれ機能を伝えるのではなくひとつに絞った提案をしてはどうでしょう？」

「全くその通りだと思います」

このような会話のやりとりの後、広告や提案書も全て変更したところ、利用顧客が一気に増えました。

このＩＴ企業のように、相手がひとつのことではなく、複数のことを同時にしようとしている場合、**行動が目的化**していることが少なくありません。そのような時には、行動の先の「誰かの視点」から**「理想」をイメージし価値となる行動を絞り込む**ことがポイントです。

STEP 4 テクニック③

「課題」を整理し ベストな解決方法に気づかせる

相手の「やりたいこと」を頭ごなしに否定しない

夕食時間の子どものスマホの「ながら食べ」をやめさせたい知人がいました。どうしているのか聞くと、

「ながら食べは行儀が悪いからやめなさい」

と何度も注意してもやめないそうで、最近では聞き流している様子で困り果てて

いました。

そこで私が、

「自分たちの若い頃も、親から**頭ごなしに否定されると反発したく**なかった？」

と言うと、知人も「たしかに……」と言って深く頷きました。

「課題」から「やりたいこと」を見直す

知人の子どもは母親に懐いているそうで、私は、子どもが「価値を提供するべき相手（顧客）」を仮に「母親」としました。知人から「母親は夕食時に子どもの学校の話を聞きたいと言っていた」という情報をつかんだ私は、紙に次のように書きました。

（現状）「母親は、スマホのながら食べをする子どもとほとんど話せていない」
←
（理想）「母親は、子どもから学校であった出来事や部活の頑張りなどが聞ける」

それを見た知人は、「たしかに」と言い、私はさらにこう書き足しました。

（現状）「母親は、スマホのながら食べをする子どもとほとんど話せていない」
（課題）子どもと母親が話す
↓
（解決方法）
×スマホのながら食べを注意
○お小遣いをアップ
←
（理想）「母親は、子どもから学校であった出来事や部活の頑張りなどが聞ける」

成果につながる行動に気づかせる話し方

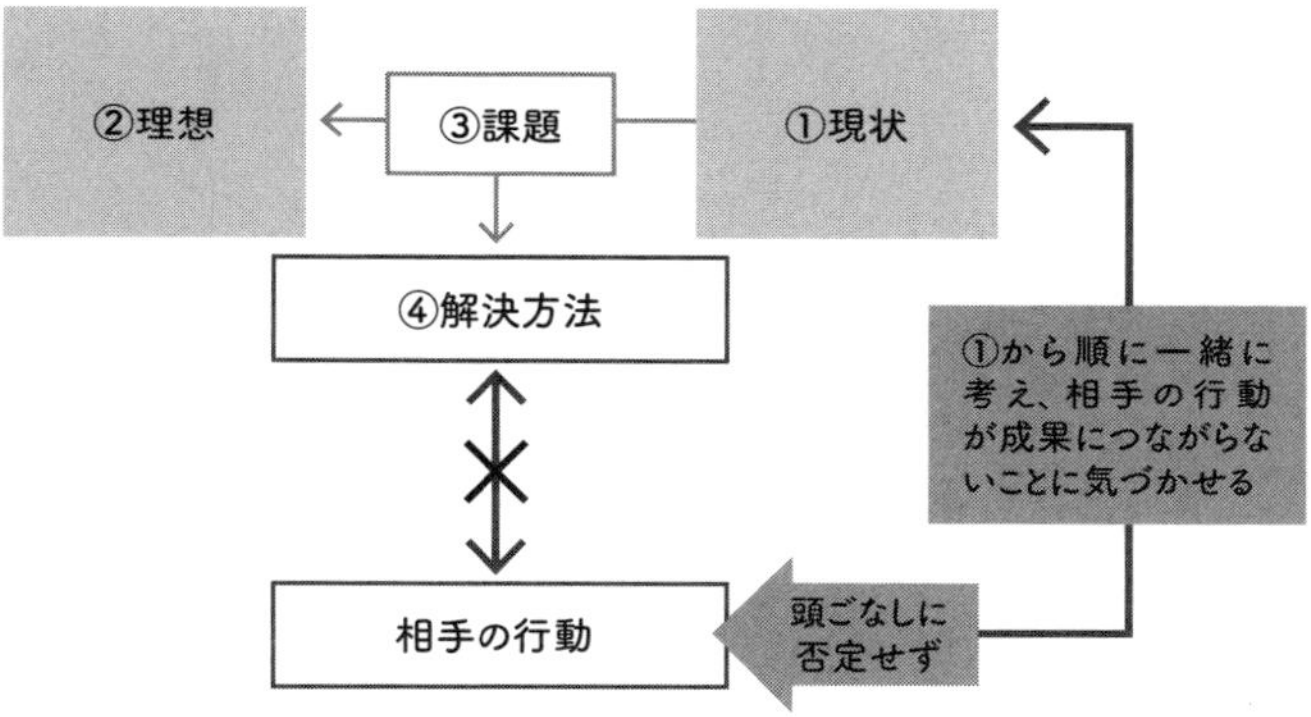

すると知人は、子どもに注意することが**解決方法になっていないことに気づき**、「子どもと母親が話すための方法を考えればいいのか」と言いました。

後日、知人からメールが届きました。

「以前からお小遣いをあげてほしいと言っていたので、『夕食の時にお母さんに学校であったことを話したら、お小遣いをアップするよ』と提案すると、子どもは乗ってきました。どうもありがとう！」

相手の「やりたいこと」が成果につながっていないと否定や批判、注意したくなりますが、行動の先の誰かの視点から**「課題」を整理して行動を見直す話し方**をするようにしましょう。

ステップ5の段階では、相手の頭脳は「誰かの価値になること」を「やってみよう!」と思っているものの、実際の行動には踏み切れないという状態です。

例えば、「提案しよう!」と思うものの、「失敗したらどうしよう?」と先々のことを考えてしまい、足がすくんでしまうケースです。この状態で相手に「やってみなよ」と言っても、それだけでは相手は動けません。

そこで、相手の「やりたいこと」を行動に変える話し方で、相手の背中を後押しし、自信をつけさせて送り出します。

STEP 5

「やりたいこと」の実行を後押しする話し方

STEP 5-1

「やるべきこと」が分かっているのに動けない理由

成功イメージが見えないと人は動けない

相手の思考の解像度が上がり、成果につながる行動のイメージが見えたら、あとは行動あるのみです。しかし、ここにも落とし穴があります。

Aさんが「好きな女性に告白したい」と、知人に相談しました。

「告白する場所やメッセージは決めたけど、**言い出せなくて……**」

ぐずぐずしているAさんに知人は、

「じゃ、スパッと**告白すればいいじゃん**」

とぶっきらぼうに言いました。

しかしAさんは、

「**振られたらどうしよう**……今の関係を壊したくない……」

対応が面倒になってきた知人は、

「振られたら、**その時に考えればいいじゃん**」

と言い放つと、

「そんなこと想像したら、**余計告白できないよ**……」

Aさんは、告白する自信をすっかり失ってしまいました。

見通しを良くすることで行動までのハードルを下げる

二人のやりとりを見ていたBさんが、

「告白したら、**彼女はどんな反応をすると思う？**」

と聞きました。

すると、Ａさんは少し考えてから、

「『私のどこがいいの？』と聞いてくると思う」

と答えました。

彼女は、深く物事を考える傾向があるそうです。

続けてＢさんが、

「親身になって一緒に考えてくれるところが好きと伝えたら、**どんな反応が返ってきそう？**」

と質問すると、

「そう言えば、彼女は納得すると思う」

と、Ａさんに少し自信が出てきたようです。

そこでＢさんは、

「これからも自分を支えてほしいと伝えたら、**彼女は喜ぶのでは？**」

と背中をひと押しすると、Ａさんは自信を持って彼女に告白しに行きました。

ゴールまでの見通しを良くすると……

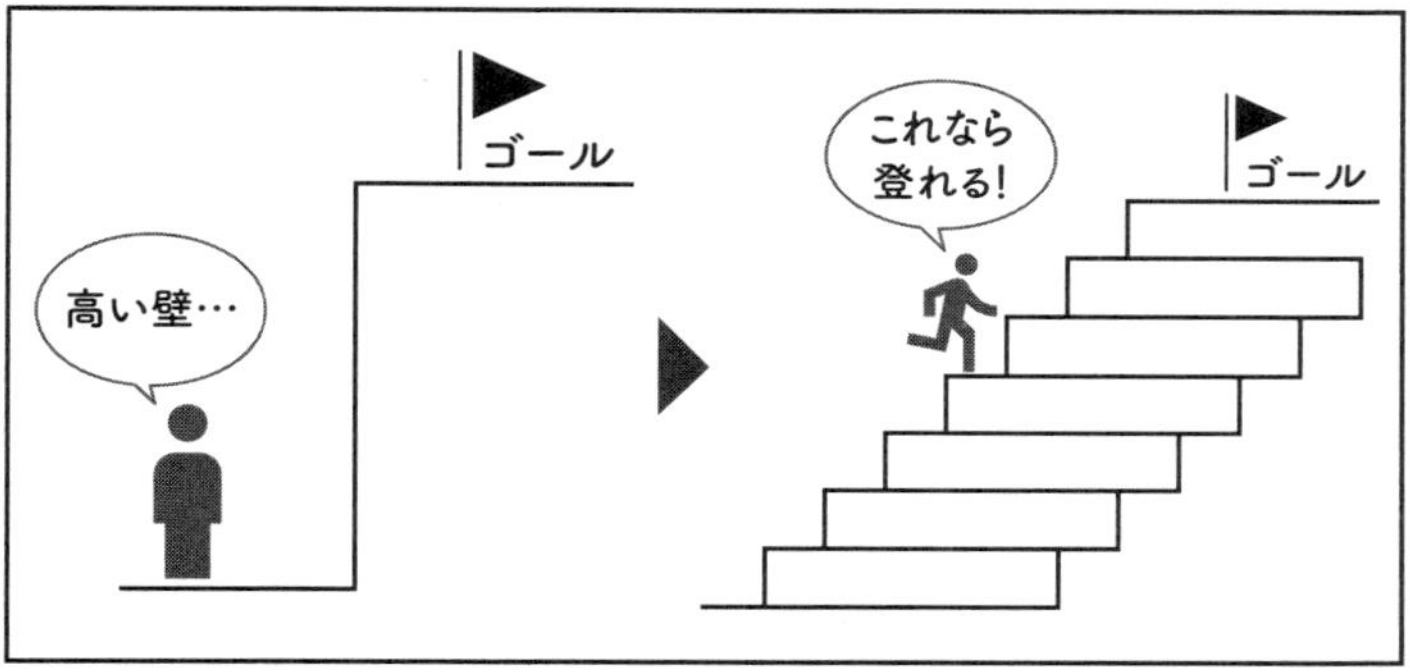

行動までのハードルが下がる

人は「やるべきこと」は分かっているのに、**行動する先の未来が見えない**と初めの一歩を踏み出せません。

そのような相手には、**行動した先にある未来の見通しを良くする話し方**をすることで、**自信を持って動けるようにしてあげる**ことがポイントです。

こうすることで、相手の頭の中に「成功イメージ」が出来上がり、成功体験をつかみ取りたい気持ちが生まれます。

ここまで来れば、本書のゴールである「相手がやる気を出して動きたいと思い、具体的に動いているイメージができ、自信を持って行動できるようになる」という状態までガイドできたことになります。

STEP 5-2

成功ストーリーを描いて行動を促す

「会話シミュレーション」で成功イメージをハッキリさせる

人は「ハッピーエンド」が見えないと、考えていることを実行するのを躊躇しがちです。

そのような時には、**相手が成果を上げた先に訪れる、ハッピーエンドをイメージさせる話し方で、相手が一歩踏み出すための後押しをす**

るようにしましょう。

先ほどの話には続きがあって、Aさんから B さんに電話がかかってきました。「どうやって告白を切り出せばいいか、分からなくなっちゃった。どうしよう」と緊張している様子でした。その後、二人は次のような会話をしました。

B「会っていきなり告白するのも唐突だから、ひとしきり遊んだ後に『今日は楽しかったよ。ありがとう』と言ってみたら、彼女は**何て答えるかな？**」

A「『私も楽しかった、ありがとう』と言ってくれるかな……」

B「だよね。では、次に『いつも自分の話を聞いてアドバイスしてくれてありがとう』と感謝の気持ちを伝えたら、彼女は**何て言うと思う？**」

A「彼女も同じ気持ちだと言ってくれると思う……」

B「いいね！　そうしたら、『これからもアドバイスが欲しいし、あなたのことももっと理解してアドバイスできたらと思う』と言ったら、**どうだろう？**」

A「多分、嬉しいと言ってくれるような気がする」

B「そこで、『実は……』と告白を切り出してみたら、**どうなるかな?**」

A「真剣に話を聞いてくれると思う」

B「そこまで来れば、あとは大丈夫だよ!」

A「だいぶイメージが湧いてきた!」

彼女と楽しげに会話している自分がイメージとして見えてきたせいか、Aさんの緊張はほぐれ、言葉に力が入ってきました。

「ハッピーエンド」で相手の背中を押す

話の締めくくりに、Bさんは次のように言いました。

「最後はストレートに『お付き合いしてください』と言ったら、**きっと彼女も喜んで『うん』と言ってくれるよ!**」

Aさんはその言葉に背中を押され、

「上手くいく気がしてきたよ！　頑張って告白してみる！」

と言って会話は終わりました。

後日メールが届きました。

「彼女と付き合うことになったよ！　ありがとう」

京セラ創業者の稲盛和夫さんは、

楽観的に構想し、悲観的に計画し、楽観的に実行する

という言葉を残しています。

未知のことにチャレンジする時には、**計画は綿密にしながらも、楽しく実行**することが大事です。

STEP5 テクニック①

「ネガティブな未来」を「ポジティブな未来」に変える

想像力を活かして「幸せの連鎖」のストーリーを見せる

何をするにしても「ネガティブな未来」を想像してしまい、はじめの一歩が踏み出せないという人には、「ポジティブな未来」が見通せるように話をしていきましょう。

ネガティブ思考の人が、ある日バスに乗って座っていると、白髪の男性が乗ってきました。杖をついていて、足の具合が悪そうでした。

彼は「**自分が席を譲っても、相手は断るかもしれない。そうしたら、周りの人からクスクス笑われるかもしれない。そうしたら、恥ずかしくて自分はバスに乗っていられなくなる……**」と思い、白髪の男性に席を譲れずにいました。

するとどこからともなく声が聞こえてきました。

「**あの男性に席を譲ったら、きっと『ありがとう』と言って喜ぶわよ。そして、周りの人たちも『彼は何て心が優しい人なんだろう』と心の中であなたのことを褒めるわ。バスの運転手さんも『感心な青年だ』と思うわ**」

「あなたならそれができるわ。『もうすぐバスを降りますので、よろしければお座りになりませんか』と言ってみたら？」

彼はその声に背中を押されて男性に席を譲ると、喜んで「ありがとうございます」と何度もお辞儀をされました。

するとまたどこからか声が聞こえてきました。

「私はあなたのような子を持って誇らしいわ」

彼は、数年前に亡くなった母の声だと分かって驚いて目を開けると、バスに座っていました。うたた寝して夢を見ていたようです。

バスが停車すると、杖をついた白髪の男性が乗ってきました。すると、彼はスッと席を立ち男性に向かってこう言いました。

「私はもうすぐバスを降りますので、よろしければお座りになりませんか？」

ネガティブな未来を想像してしまう人は、**失敗の連鎖のストーリーをつくりがち**です。そのような人には、**想像力を活かして幸せの連鎖のストーリーを見せる話し方**をすることで、ポジティブな未来に変えることができます。

「ネガティブな未来」を「ポジティブな未来」に変える

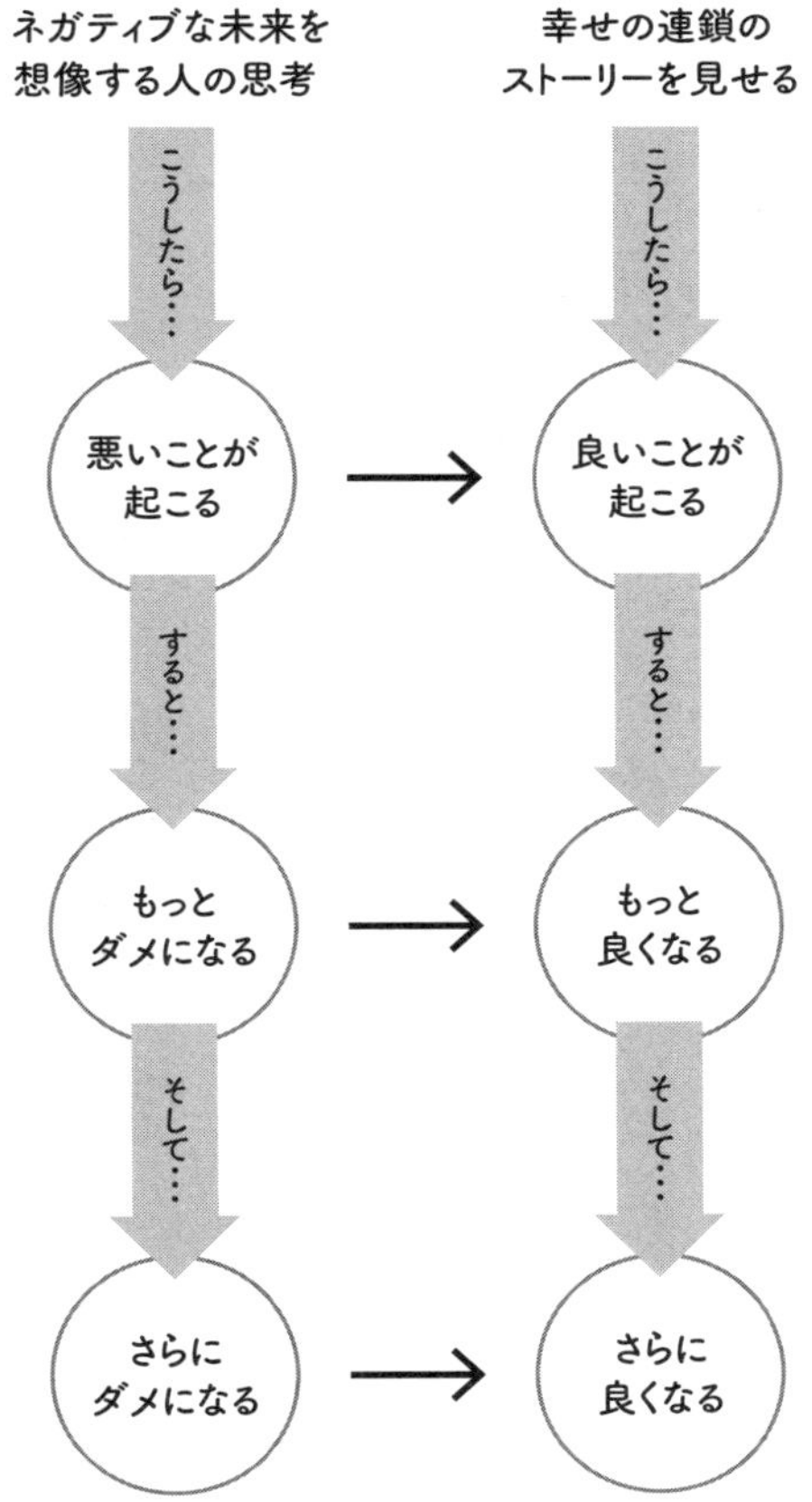

STEP5 テクニック②

「都合のいい未来」を見直す

プロセスの具体化で目標と手段を整理する

自分にとって「都合のいい未来」ばかり考えている人が陥りがちな落とし穴についても見ていきましょう。

あるスポーツ用品店で、親子が運動シューズを選んでいました。

子「あの有名なプロ選手と同じモデルも買いたい！」

母「さっき、靴は買ったじゃない！」

子「すぐに上手くなるから、もう一足買って！」

母「ダメ！　上手くなってからにしなさい」

子「上手くなってスタメンになるから！」

母「ダメと言ったらダメ！」

子「お母さんのケチ！」

その子は、自分が好きなプロ選手と同じモデルのシューズが欲しくて、「必ずスタメンになる！」と**自分に都合のいい未来**を話していました。

つまり、スタメンとしてチームに貢献するという**目標**とプロ選手の靴を履くという**手段**が**逆転**していました。この会話を聞いていた父親が、

父「スタメンになれたらいいな！」

子「うん、頑張るからこの靴買って！」

父「じゃ、どうすればスタメンになれるだろう？」

子「いっぱい練習する！」
父「そうしたら、お父さんは何足も靴を買うことになって大変だ！」
子「なるべく大事に履くよ……」
父「気にすることはないさ。お父さん、スタメンになるのを楽しみにしているよ」
子「頑張る！」

父親は、子どもの「自分に都合のいい未来（手段：プロモデルの靴を買う）」を**肯定**した上で、**目標**であるスタメンになるまでの**プロセスを整理する**ことで、**プロモデルの靴を買う意味を明確に**しました。

目標と手段を逆転させてしまう例は、日常生活だけでなくビジネスでもよく見られます。例えば、ベンチャー企業で「将来の上場を目標にエグゼクティブ人材を雇用する」とムリな売り上げ目標を掲げて高給な人材を雇用したけれど、描いた未来はやって来ずに、高い人件費に悩まされる経営者を何人も見てきました。

目標と手段を取り違えて都合のいい未来を描いてしまう人には、**目標までのプロセスを整理し、必要な手段を明確にする話し方**をしてみましょう。

テクニック③

未来にリスクを織り込む

リスクを最小限に抑えて、こう着状態を打破する

続いては、慎重派の人に見られる、未来を描こうとする時に「リスク」を気にする相手について解説します。

リスクを気にする人は、ネガティブな未来を描く人とは異なり、**ネガティブな未来にならないようにリスクを最小限にしておきたい**気持ちが強いです。

そのような人に「大丈夫」「気にしないほうがいい」と言っても通用しません。

ある家族が、旅行へ行く準備をしていました。

息子は少ない荷物で旅行をしたいようで、

「車で色々と回るから、**荷物は最小限**にしよう」

と提案しました。

しかし、心配性の母は、

「ホテル付近にコンビニも何もなくて、お腹が空いたらどうしよう……」

と言いました。

すると姉がリスクを減らすため、

「食べ物がないと困るから、**2日分のご飯**は持っていこう」

と言うと、母は安心した様子になり、

「そうね、あと**ペットボトルの水**も持っていきましょう」

と荷物が急に増えました。

息子はムッとした表情で、

「えっ、そんなに？　僕、持っていくの嫌だよ……」

未来にリスクを織り込む

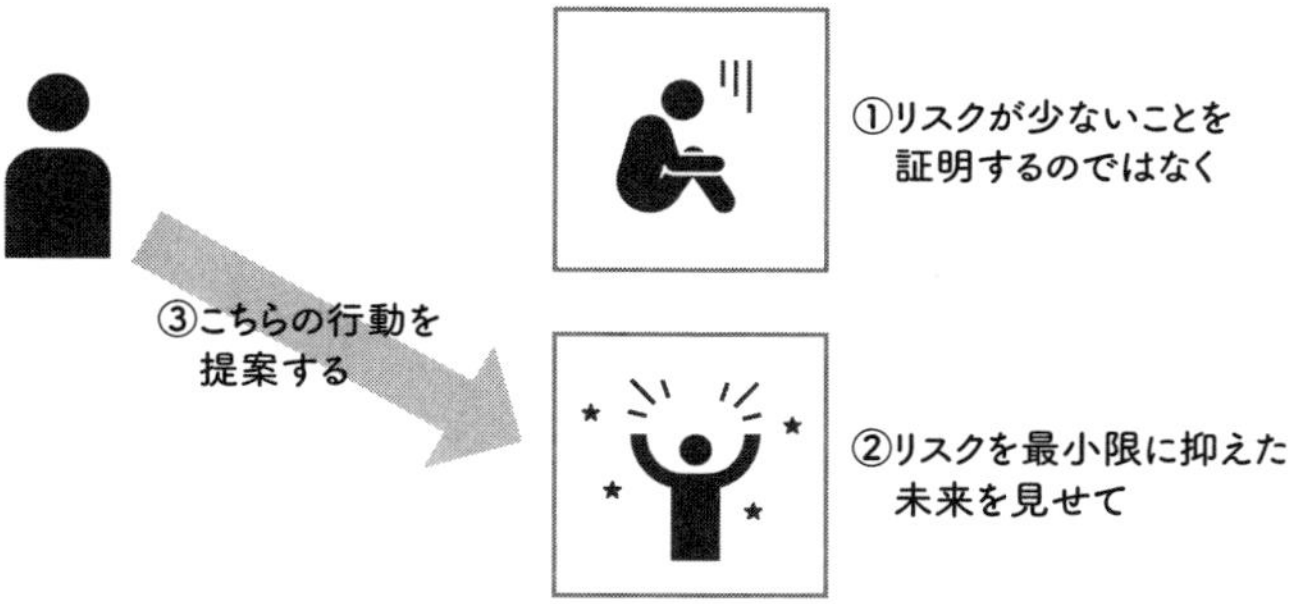
①リスクが少ないことを
証明するのではなく
②リスクを最小限に抑えた
未来を見せて
③こちらの行動を
提案する

その会話を聞いていた父は、次のように言いました。

「そんなに旅先での飲食が心配なら、**コンビニが近くにあるホテル**に変えよう」

と、当初計画していたホテルの変更を提案しました。

「飲食ができないリスク」が発生する原因は、周辺に何もない場所にあるホテルだと考えた父は、周辺にコンビニがあるホテルを提案しました。全員賛成し、ご飯やペットボトルを持ち運ぶ必要はなくなりました。

これはビジネスでもよく見られ、

「事故でも起こったらどうするつもりだ？」
「商品が売れ残ったらどうするのか？」
「投資回収できなかったら誰が責任を取るのか？」

と、特に未経験のことに対してリスクを気にする人がいます。

このような場合に、**リスクが少ないことを証明しようとするのは悪手**で、双方に労力がかかるだけでなく、結果としてどちらかが折れることになり、後味の悪い結果になりがちです。

このような時には、「事故が起こらない、または起こっても対処できる範囲からスタートし、事故が起こらないと確認できてから徐々に行動の範囲を広げてみてはどうだろう」と提案し、**リスクを最小限に抑えた行動から話を始める**ことで、相手は安心して実行することができます。

相手に小さな成功体験を積ませる

目標のサイズを小さくする

高過ぎる目標を前に、行動を躊躇してしまうということもあるでしょう。

痩せたいと思っている女性が、パーソナルトレーニングジムにやってきました。

「**半年後の結婚式までに10キロ落としたい**です……」

と言うと、パーソナルトレーナーは、

「週3～4回はジムに通って、食事も1日1食に制限することになります」

と答えました。

「私にはムリかな……」

諦めて帰ろうとする女性を見たジムのオーナーが、

「まずは、**1ヶ月後に2キロ減**を目指しませんか？　それなら、週2回のジムと1食のカロリー制限でいけます」

と提案しました。

すると女性は、

「えっ？　それで、半年後に10キロ痩せられるんですか？」

と聞き返しました。

「はい！　それがクリアできたら、**3ヶ月後に5キロ減**を目指して、徐々に負荷を上げていきます」

女性は不安そうな表情で、試しに1ヶ月は続けてみることにしました。

仕事をしながらも、週2回のジムと1食のカロリー制限を1ヶ月続けることができたので、ジムに通う回数と食事制限を徐々に増やしていきました。そして、半年で9キロ落とすことができ、1年で12キロの体重減に成功しました。

高い目標を掲げるのは悪いことではありませんが、気持ちが先行し行動が追いつかない人がいます。そのような人には、**高い目標を分割し、一つひとつの目標のサイズを小さくする話し方**をすると、相手は一歩を踏み出しやすくなります。

昔の鬼コーチのように、「できなければ、できるまでやらせる」というスタンスは、パワハラと思われる可能性が高く、相手を潰してしまうことにもなりかねません。退職者の多い会社の内部で見られがちな現象です。

今の時代は、**相手に小さな成功体験を積ませながら、段階的に目標を引き上げるマネジメントが求められる**ので、話し方には気をつけましょう。

STEP5 テクニック⑤

気づきと学びで行動を維持する

原因と対策に気づかせ学習能力を開花させる

実際に行動してみると、上手くいくこともあれば、いかないこともあります。上手くいかないことが重なると、面白くなくなり行動を諦めてしまいます。ある新人社員が新規顧客開拓をしていましたが、なかなか受注を取ることができませんでした。同僚や先輩と飲みに行った時に、

「受注が取れなくて、**モチベーションが下がっています……**」

そう言うと、同僚から、

「そんな情けないことを言っているから受注が取れないんだよ！」

と厳しい言葉を浴びせられました。

「自分はこの仕事に向いていないのかも……**もう辞めようかな**」

新人社員は意気消沈してしまいました。

それを見ていた先輩社員が、こう言いました。

「もしかしたら、**アプローチ先がズレている**んじゃないか？」

飲みに行く前に、新人社員の営業報告に目を通していて、提案商品と顧客がズレている印象を持っていました。

「どうズレているのでしょうか？」

新人社員が真剣な眼差しで先輩を見ると、次のような問いかけが返ってきました。

「商品が解決できるのは中小企業の社長の課題だけど、総務へ提案しているよね？」

新人社員は、**受注が取れない原因は、アプローチ先のズレにある**ことに気づくと、

「そうか、社長のアポイントを取ればいいんだ！」

と言い、翌日から社長のアポイントを取り始めました。すると、徐々に受注が取れるようになり、仕事が楽しくなりました。その後も、壁に突き当たると先輩のアドバイスを受け、学びを深めることで営業成績を伸ばしていきました。

人は行動して思うような結果が出ない時、その「原因」と「対処法」に気づいて上手くいくようになると、それが学びとなって行動を継続します。これが「学習能力」と呼ばれるもので、できないことができるようになるプロセスです。

相手の学習能力を引き出すためには、ダメ出しや正解を伝えるのではなく、**原因と対処法に気づかせ、行動を後押しして成功体験を積ませる話し方**が重要です。

これはビジネスでも同様で、忙しいとつい正解を言いがちですが、それでは相手の学習能力は開花しません。忙しくても面倒に思わず、原因と対処法に気づかせる話し方を心がけるようにしましょう。

STEP5
テクニック⑥

「論語と算盤」で軌道修正する

中長期で価値を出し続けられる人材を育てる

ビジネスが継続的に上手くいっていると、顧客との関係性は深まり、お金も入ってきます。すると、**顧客の求めることを「タダ」でしてしまう、もしくは金儲けを優先し顧客への感動体験の提供を忘れてしまう**といったことが起こります。

いわゆる「**論語《ろんご》と算盤《そろばん》**」、もう少しやさしく言い換えると「**人の幸せと儲けの両立**」です。これが崩れてくると、儲けが出なくなったり、人の幸せを蔑ろにして顧客離れが起こったりして、末はビジネスを継続できなくなります。

そのような時には、両者のバランスを取るように**行動を軌道修正する話し方**をします。

ある銀行員と取引先の社長との会話です。

銀行員「新しい金融商品があるのですが、社長いかがでしょうか？」
社長「会社の資金繰りが厳しくなってきていて……」
銀行員「であれば、分割購入という手もあります」
社長「ちょっと考えさせてほしい……」
銀行員「何とかなりませんか？」
社長「そちらの売りたいものを売りつけようとしていて気分が悪い。帰ってくれ」
銀行員「……」

この銀行員は、自分の営業成績を上げようとして、取引先の幸せを蔑ろにした結果、融資元を他の銀行に移されてしまいました。

社長から「資金繰りが厳しい」と聞いたら、自分の儲けではなく相手の困りごとを解決する方向に頭を働かせ、ステップ1の「やりたいこと」を引き出す話し方や、ステップ4の現状と理想状態の推測から課題を特定し解決手段を導く話し方で、資金繰りを改善する方法を提案すれば、社長から感謝されたことでしょう。

長くビジネスを続けるには、「人の幸せ」と「儲け」のバランスが肝要で、**相手に成果を上げさせるためにはこのバランス感覚を持ち、相手がバランスを崩す行動をしていたらすぐに軌道修正する**ようにしましょう。

赤字が続いている事業など、両者のバランスをどうしても取れない場合には、行動自体を「やめる」決断を相手に促すことも重要です。

ここでステップ5の話は終わりますが、行動を躊躇していたり、変な方向へ進もうとしていたりする相手に出会ったら、ここで紹介したテクニックを使って相手の思考の解像度を引き上げるようにしましょう。

おさらい

「伝わらない」のは、
相手を思い通りに動かそうとするから。
会話の主役を「相手」にして「やりたいこと」を引き出し、自信を持って行動できる状態まで、思考の解像度を引き上げる。
そうすれば、相手に成果を上げさせて、自己成長へと導くことができるようになる。

相手の思考の解像度を引き上げる話し方の順番

〜「伝わらない」と思ったら、どのステップでつまずいているかチェックしてみよう！

①「やりたいこと」を言語化する

95ページ

〜心を動かすスイッチを入れて、「やりたいこと」を引き出す

②「やりたいこと」の全体像を整理する

129ページ

～考える要素を抜け漏れなく押さえて優先順位をつける

③「やりたいこと」を具体化する

169ページ

～固有名詞・動詞・数字に落とし込み、行動レベルまで具体化する

4

「やりたいこと」を成果につなげる

201ページ

～行動が「誰かの価値」になっているか確認し、「提案」で行動を修正

5

「やりたいこと」の実行を後押しする

225ページ

～行動の先の「見通し」を良くして、背中を押す

ボーナストラック

「マネージャーが持つべき6つの視点」

本書は、新人社員からマネージャーまで、多くの人が使える話し方のポイントを解説してきました。ただ、経営層や組織を動かすマネージャーの人たちの中には、これだけではもの足りないという人もいるかもしれません。そのような方に向けて本書の最後に、相手に動いてもらうための6つのフレームワークをご紹介します。

ステップ4で解説したように「やりたいこと」を成果につなげるためには、行動の先にいる「誰か」の視点から、現在の思考状態を推測する必要がありました。しかし、これは習得するまでにはある程度の経験値と労力を必要とします。なので、まずはここでご紹介する視点に立つことで、相手の行動を見直し成果につなげるためのヒントを見つけてみてください。

1．顧客視点のフレームワーク「マイナス→ゼロ→プラス」

ある大学生から、家庭教師先の受験生の成績が伸びずに困っていると相談を受けました。

「不得意な数学を頑張れと言っているのに、なかなかやってくれません……」

と言いました。私は次の3つを紙に書いて大学生に見せました。

・マイナスをゼロにする
・ゼロをプラスにする
・プラスをさらにプラスにする

高橋「受験生の頭の中はどれだと思う？」
大学生「いつも間違えてしまう問題をクリアできるようになることでしょうか」
高橋「その問題で**マイナスをゼロにする**ことが、受験生の最優先課題かな？」
大学生「そうか！　自分は全ての問題が解けるように指導していたんですね」

と**受験生に行き過ぎた指導をしていた**ことに気づきました。

合格点をクリアしたい子、合格点を取れてさらに上位の成績を目指す子、トップを目指す子では、それぞれ現在の思考状態は異なります。それによって、理想状態（なりたい姿）も変わります。

行動の先にいる誰かが「**顧客**」の場合には「**マイナス→ゼロ→プラス**」の**フレームワーク**を使い、現在の思考状態を推測する話し方をするといいでしょう。

2．経営者視点のフレームワーク「アンゾフの成長マトリクス」

アンゾフの成長マトリクス

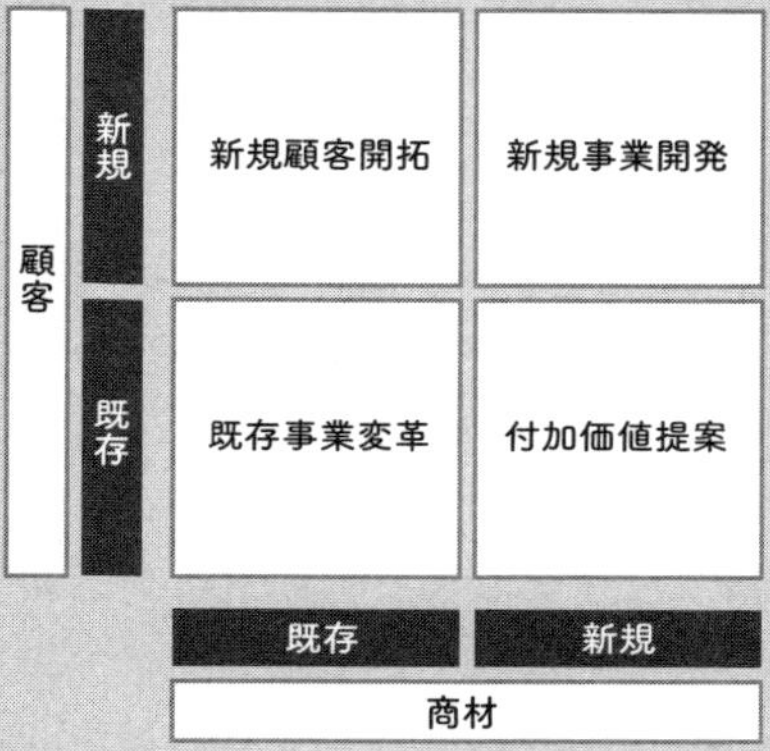

上司に現業をこなすための社員増員を提案しているが、ＯＫが出ないと嘆くクライアントの話を聞いた時のことです。

「人手が足りず現場が疲弊しているのですが、会社は人を増やしてくれません」

彼は現場寄りの視点が強く、「経営者視点」が抜けていると感じた私は、上のような図を書いて見せました。

「**アンゾフの成長マトリクス**というもので、事業成長を考える際に経営者がよく使うフレームワークです」と説明しました。

高橋　「あなたは今、図の左下の話をしていましたが、人手を増やすことは事業変革になるのでしょうか？」

クラ　「**売り上げは伸びず、人件費が上がる**ので変革とは言えませんね……」

高橋　「上司は**将来的に、図の右下のような付加価値につながる顧客に絞って現業を変革**してほしいと思っているのでは？」

クラ　「先日、上司からそれに近いことを言われました……」

そのクライアントと私は、付加価値提案できそうな顧客を絞り込み、人手を増やさずに現業の売り上げを伸ばす方法を考えました。

後日、彼から、「上司から『**こういう提案が欲しかった**』と言われ、すぐに承認が下りました」とメールがありました。

相手の行動の先にいる誰かが「**経営者**」の場合には、「**アンゾフの成長マトリクス**」の**フレームワーク**を使い、現在の思考状態を推測する話し方をするといいでしょう。

3. 従業員視点のフレームワーク「マズローの欲求5段階説」

214ページで、若手社員の育成に悩む社長の例で紹介した「マズローの欲求5段階説」とは、アブラハム・マズローという心理学者が人の欲求を段階的に整理した考え方です。人の本能に近い順に並べると、

- **第1段階：生理的欲求（食事や睡眠など人が生きるために必要な欲求）**
- **第2段階：安全の欲求（身の危険を感じる状況から脱したいと思う欲求）**
- **第3段階：社会的欲求（集団に所属したり仲間を得たいと思う欲求）**
- **第4段階：承認欲求（他者から認められたいと思う欲求）**
- **第5段階：自己実現欲求（自分のなりたい姿に近づきたいと思う欲求）**

となり、第1～3段階までが会社で安定して働くために必要で、第4～5段階は自走するために必要な欲求です。

よほど**ブラックな会社でない**限り、**第1〜3段階まではある程度実現できている**ことが多いです。

社長が対象とする若手社員は、社長から一定の評価を受け、部下からも慕われていることから、第4段階まではクリアしていると思った私は、**「社長の提供機会が、自己実現欲求と結びついていない」**と次世代人材の現在の思考状態を推測しました。

行動の先にいる誰かが「**従業員**」の場合には、**「マズローの欲求5段階説」のフレームワーク**を使い、現在の思考状態を推測してみるといいでしょう。

4．株主視点のフレームワーク「財務三表（P／L）（B／S）（C／F）」

ある企業の新規事業開発チームが、オーナー社長へ発表を終えて戻ってくると、「社長は利益、利益と言って投資の承認がおりず、正直イライラします！」

と、チームリーダーがぼやいていました。それを聞いた私は、

「承認がおりなければ、自分たちで資金を出してやってみたらどうですか？」

と提案すると、「そんなにお金は持っていません」と言いました。

新しく事業をするには、**貸借対照表（B／S）**の「資本金」が必要で、その中から**損益計算書（P／L）**の「人件費」や「開発費」などを捻出して「売り上げ」をつくり、現金の流れである**キャッシュフロー計算書（C／F）**で手元現金の残高を確認しながら使い道を考えることが求められます。新規事業開発では、集められる資本金を元手に、最小限の費用で最大の売り上げをつくり、その期間を短縮しなければ事業の成功確率は上げられません。


チームの発表内容を確認し、「最小限の費用になっていない」と感じた私が、

「売り上げをつくるための費用を最小限にすることは考えましたか？」

と聞くと、「その視点は抜けていました……」と言いました。

会社のお金を使うことを前提にすると、財務三表の視点が緩くなりがちですが、相手の行動の先にいる誰かが「**株主**」の場合には、**株主視点のフレームワーク**を使い、現在の思考状態を推測する話し方をするといいでしょう。

5. 協力者視点のフレームワーク「やりがいと儲け」

ある菓子メーカーの新商品開発を支援した時のことです。

新商品に使う原材料開発が必要で、ある原材料メーカーへ相談することになりました。

しかし、新商品を売り出せるか分からず、開発にコストもかけられない状況でした。商品企画の担当者はメーカーへの依頼方法について悩んでいました。

「単刀直入に新原材料を開発してください、と言えばいいでしょうか？」

と私に相談しました。

しかし、それではあまりにもこちら都合だと思った私は、

「先方の**『やりがい』**と**『儲け』**を提示してはどうでしょうか？」と提案しました。

というのも私は、多くの原材料メーカーの担当者から、食品メーカーからの決まった仕様を提示されるばかりで、その通りにつくることを求められ、「やりがい」を

感じられないと聞いていました。一方、将来に儲けが出なければ会社として取り組む意味はないため、**その両方を満たして初めて協力が得られ**ます。

商品企画担当者と一緒に、原材料メーカーの「強み」を活かせる新素材開発であることと新商品の事業計画をまとめ、原材料メーカーへ話してもらうと、「先方もぜひ協力したいと言ってくれました！」と担当者は喜んでいました。

相手の行動の先にいる誰かが「**協力者**」の場合には、「**やりがい**」と「**儲け**」**のフレームワーク**を使い、現在の思考状態を推測する話し方をするといいでしょう。

6．地域・社会視点のフレームワーク「過去→現在→未来」

ある不動産開発会社の地域開発プロジェクトを支援した時のことです。

過疎化かつ高齢化した地域を商業地に大きく変えるプランをつくりましたが、

「会社の利益を優先したプランで、地元住民は納得してくれるだろうか？」

と事業部長は悩んでいました。そこで私は、

高橋　「地域に住む方々の**過去から現在を踏まえた視点**が必要ではないですか？」

部長　「50年前には、若い家族が増え活気があったと聞いています。そのような方々が現在も住んでおられます」

高橋　「地元住民は、50年前のように若い家族が増え、活気ある未来の街を望んでいるように思いますが、いかがでしょう？」

部長　「そうですね。地元住民の視点から、過去から現在を踏まえた未来を提示すべきだと気づきました」

と、大きく頷きました。

行動の先にいる誰かが**「地域・社会」**の場合には**「過去↓現在↓未来」のフレームワーク**を使い、現在の思考状態を推測する話し方をするといいでしょう。「SDGs」もこのフレームワークの一部で、環境を消費して経済を発展させた過去から現在を反省し、環境に配慮した経済活動をしていこうという考え方です。

おわりに

私のコミュニケーションを見た人の多くは、こう言います。

「高橋さんは、忍耐強いですね」

私は、相手に考えさせて、引き出して、出てこなければ提案し、考えを深めることで相手が自力で答えに辿り着けるようなコミュニケーションを心がけています。

ビジネスの現場では、相手を動かすために「答え」を与え、できなければ「指導」し、できるだけ「短時間」で答えを出せるように仕立てます。そのような仕事をする人からすると、私のコミュニケーションはまどろっこしく感じるかもしれません。

しかし、答えを与え続けていては、答えがある世界でしか通用しない人間になります。新しい価値を生み出す世界で通用する人間は育ちません。

今、日本は大きな転換点を迎えています。労働人口は減少し、労働生産性も世界で年々その順位を落としています。一方、答えがある仕事は機械や外国人労働者、ＡＩに取って代わられつつあり、このままでは世界における日本人のアイデンティティは失われてしまいます。

若い人の中には、そのような危機感を敏感に察し、価値創造にチャレンジする人が増えてきました。ただ、そういう若者の思考の解像度を引き上げられる人材が、大人たちの中に少ないことに私は強い危機感を持っています。

本書の初めのほうで触れましたが、私の学生時代の恩師は物理学において私より圧倒的な知識と経験を持っておられ、当時は非常に忙しくされていました。しかし、私が質問に行くと何時間も粘り強く会話をしてくださって、「なぜ、こんなに忍耐強く自分に時間を使ってくれるのだろうか？」と疑問に思っていましたが、その謎が50歳という年齢を越えてようやく解けました。

それは、新しい価値を生み出せる人材を本気で育てようとしていたからです。

それには、相手が想いを持って自発的に成果につながる活動を行い、それを通じて自己成長を実感しながら、「人の幸せ」と「儲け」のバランスを取り続ける細くて険しい道へ、一緒に面白がりながら忍耐強くガイドすることが育成する側に求められます。

相手の思考の解像度を上げる話し方＝知識労働社会におけるマネジメントスキルを身につけ、次の価値創造リーダーを育てる人が増えれば、日本の未来は明るく輝けるものになると信じています。

本書では、それを体系的に進めるためのコミュニケーション方法を、できるだけ分かりやすくまとめたつもりですが、至らない点も多々あるかと思います。そう思われた方は、ぜひフィードバックを頂けると幸いです。

最後に、本書発行にご尽力いただいた、あさ出版の財津勝幸さん、幸崎大樹さんに心から感謝申し上げます。

高橋輝行

著者紹介

高橋輝行（たかはし・てるゆき）

KANDO株式会社 代表取締役
1973年東京生まれ。東京大学大学院理学系研究科を修了後、博報堂に入社。営業職として数々の広告プロジェクトを動かした後、ベンチャー企業を経て、経営共創基盤で「ぴあ」の再建を主導。同社の経営陣、従業員と共にV字回復を実現。
2010年に起業、20年にプロジェクトマネジメントメソッド「Roles®」をリリース。中小企業を中心に200社以上で価値創造プロジェクトを推進し、次世代リーダーを育成する。
著書に『メンバーの頭を動かし顧客を創造する 会議の強化書』（あさ出版）、『ビジネスを変える！ 一流の打ち合わせ力』（飛鳥新社）、『頭の悪い伝え方 頭のいい伝え方』（アスコム）他。
桜美林大学 大学院 非常勤講師
大阪公立大学 非常勤講師

本文デザイン：梅里珠美（北路社）
カバーデザイン：小口翔平＋村上佑佳（tobufune）
カバー・本文イラスト：海道建太

結果《けっか》を出《だ》すコンサルだけが知《し》っている
「伝《つた》わらない」がなくなる話《はな》し方《かた》の順番《じゅんばん》　〈検印省略〉

2025年 4 月 29 日　第 1 刷発行

著　者――高橋 輝行（たかはし・てるゆき）
発行者――田賀井 弘毅

発行所――株式会社あさ出版
〒171-0022 東京都豊島区南池袋 2-9-9 第一池袋ホワイトビル 6F
電　話　03 (3983) 3225 (販売)
　　　　03 (3983) 3227 (編集)
F A X　03 (3983) 3226
U R L　http://www.asa21.com/
E-mail　info@asa21.com
印刷・製本　(株) シナノ

note　http://note.com/asapublishing/
facebook　http://www.facebook.com/asapublishing
X　https://x.com/asapublishing

ISBN978-4-86667-703-3 C2034